Joseph Wilhelm von Wasielewski

Die Violine im XVII. Jahrhundert und die Anfänge der Instrumentalkomposition

Joseph Wilhelm von Wasielewski

Die Violine im XVII. Jahrhundert und die Anfänge der Instrumentalkomposition

ISBN/EAN: 9783743383838

Hergestellt in Europa, USA, Kanada, Australien, Japan

Cover: Foto ©Thomas Meinert / pixelio.de

Manufactured and distributed by brebook publishing software (www.brebook.com)

Joseph Wilhelm von Wasielewski

Die Violine im XVII. Jahrhundert und die Anfänge der Instrumentalkomposition

Die Violine

im XVII. Jahrhundert

und

die Anfänge der Instrumentalcomposition

von

Jos. Wilh. v. Wasielewski.

Bonn,
Max Cohen & Sohn.
1874.

Das Recht der Uebersetzung in fremde Sprachen bleibt vorbehalten.

Joseph Joachim,

dem hohen Meister der Violine,

freundschaftlich

zugeeignet.

Vorwort.

In den folgenden Blättern biete ich der musikalischen Welt ein Supplement zu meinem Buche „die Violine und ihre Meister" (Leipzig, bei Breitkopf & Härtel). Was ich bei Abfassung desselben aus Mangel an Stoff nicht zu geben vermochte: Die Geschichte der Violincomposition und des Violinspiels im 17. Jahrhundert, trage ich hier in möglichster Vollständigkeit nach, unter Beifügung zahlreicher Notenbeispiele, welche meine Darstellung anschaulicher machen werden.

Die Materialien zu dieser Arbeit sind den Königlichen Bibliotheken zu Berlin, Dresden und Brüssel, hauptsächlich aber der ansehnlichen, namentlich seltene italienische Tonwerke enthaltenden Notensammlung des städtischen musikalischen Lyceums zu Bologna entnommen. Für die wohlwollende Unterstützung, die mir dabei die Herren Bibliothekare Dr. Espagne, Fürstenau, Fétis und Gaspari haben zu Theil werden lassen, spreche ich denselben hiermit meinen wärmsten Dank aus. Insbesondere fühle ich mich dem eben so verehrungswürdigen als kenntnissreichen Herrn Professor Gaetano Gaspari auf's Tiefste verpflichtet, der mich bei meinen Studien nicht nur während meines vorjährigen Bologneser Aufenthaltes, sondern auch nachher durch Uebersendung selbstgefertigter Copieen von seltenen Tonstücken in wahrhaft aufopfernder Weise gefördert hat.

So bin ich denn gegenwärtig im Stande, den Freunden des musikgeschichtlichen Studiums eine zusammenhängende Darstellung auch der ersten Entwickelungsstadien des von mir ehedem behandelten Gegenstandes vorzulegen. Der letztere gewinnt dadurch ein allgemeineres kunsthistorisches Interesse, dass die früheste Geschichte des Violinspiels und der Violincomposition auf's engste mit der Geschichte des Instrumentalsatzes, aus dem erstere Kunst hervorging, verwachsen ist. Insbesondere ist das Werden und Wachsen der, später zu eminenter Bedeutung gelangenden Kunstform der „Sonate", bis zu einem gewissen Grade mit der Ausbildung der Violincomposition und des Violinspieles identisch.

Es war nothwendig, in die gegenwärtige Darstellung auch Corelli, der schon in meinem Buche „die Violine und ihre Meister" ausführlich behandelt worden ist, hineinzuziehen, weil sein Standpunkt als Componist, nachdem ich die Geschichte seiner Vorgänger genauer kennen gelernt hatte, in einem modificirten Lichte erschien, und daher Manches berichtigt werden musste. Wenn ich dabei theilweise das früher über diesen Meister, wie auch über Carlo Farina, von mir Gesagte wiederhole, so war das um der Sache willen nicht zu vermeiden.

Bonn, im December 1873.

v. Wasielewski.

Das 17. Jahrhundert ist für die Geschichte der Tonkunst von besonders hoher Wichtigkeit. In demselben wurden die Grundlagen zu einer kunstgemässen Behandlung des Instrumentalsatzes geschaffen, aus welchem alsbald die für das moderne Musikgestalten so bedeutsame Form der „Sonate" hervorging. Im engsten Zusammenhange damit entwickelte sich zugleich die Kunst des Violinspiels und der Violincomposition. Wenn man Archangelo Corelli als Stammvater und Begründer der beiden letztgenannten Fächer bezeichnet hat — eine Meinung, die heute noch von Vielen getheilt wird — so ist dies nur sehr bedingungsweise wahr. Dieser Meister trat, unbeschadet seiner hervorragenden Erscheinung, keineswegs neugestaltend, bahnbrechend in den Entwickelungsgang der Musikgeschichte ein; lediglich verkörperte sich in ihm das concentrirte Resultat einer vorangegangenen Bildungsphase.

Viel musste geschehen, bevor die Wirksamkeit Corelli's möglich wurde: es bedurfte eines vollen Jahrhunderts angestrengtester Thätigkeit, mühevollsten Fleisses, um den Boden für seine Erscheinung vorzubereiten. Und das unvergängliche Verdienst, dieses letztere gethan zu haben, gebührt einer Reihe von begabten, geistvollen Männern, die offenbar mit klar bewusstem Willen bestrebt waren, in der bis zum Ende des 16. Jahrhunderts ganz untergeordneten, ja bedeutungslosen Instrumentalmusik gleiche oder doch ähnliche künstlerische Wirkungen hervorzubringen, wie solche bereits in der durch Palestrina, Giov. Gabrieli und Orlando Lasso zu hoher Blüthe gebrachten Vokalmusik vorhanden waren.

Die Anfänge der Violincomposition und mithin auch des Violinspiels wurzeln, wie schon angedeutet wurde, in der Instrumentalmusik; die Spuren der letzteren reichen, soweit man durch Druckwerke darüber unterrichtet ist, bis in den Anfang des 16. Jahrhunderts zurück. Schon 1529 erschienen zu Paris französische Tänze [1]), jedoch ohne Angabe der Instrumente, von denen sie auszuführen waren, — also zu einer Zeit, in der die höhere musikalisch-künstlerische Produktion sich ausschliesslich noch auf Anwendung und Benutzung der menschlichen Stimme beschränkte. Indessen lag es nahe genug, die verschiedenen Tonwerkzeuge, welche man für die damals ausschliesslich das Gebiet des Instrumentalen vertretende Tanzmusik gebrauchte, auch der eigentlichen Tonkunst dienstbar zu machen, wie sie sich in der geistlichen und weltlichen Vokalmusik offenbarte. Dies geschah, indem man die Instrumente benutzte, um die Singstimmen der Vokalwerke nach Belieben im unisono zu begleiten und also zu verstärken, wie es z. B. in den Chören der Händel'schen Oratorien und selbst später noch häufig vorkommt.

Sodann aber wurden auch Vokalwerke ausschliesslich von Instrumenten, die in diesem Falle als blosses Surrogat für die Singstimmen erscheinen, zur Darstellung gebracht; wodurch den Spielern Gelegenheit zu mannichfacher Uebung im Vortrag edler und erhabener Kunstwerke gegeben war. Denn die Tanzmusik konnte einer idealen tonkünstlerischen Richtung keinen Vorschub leisten.

In Betreff des erwähnten Gebrauchs, durch welchen für die selbstständige höhere Instrumentalmusik, so zu sagen, ein vorbereitendes Stadium gegeben war, haben wir sichere Kunde von der ersten Hälfte des 16. Jahrhunderts ab. Nicht selten findet sich in den gedruckten Vokalwerken der damaligen Tonmeister die Bemerkung, dass sie auch für Instrumente zu brauchen seien. [2]) Zunächst beschränkte sich dies indess vorzugsweise auf weltliche Gesänge; erst in der zweiten Hälfte des 16. Jahrhunderts fand es auch allgemeinere

---

1) Vergl. Winterfeld's Joh. Gabrieli, S. 41.

2) Schon 1539 erschien in Venedig eine Sammlung Canzonen von A. Gardane und anderen Tonsetzern, deren Titel die ausdrückliche Bemerkung: „buone da cantare et sonare" enthält.

Anwendung auf geistliche Vokalwerke. Ein Beispiel dafür bieten die Psalmen David's, welche 1583 unter dem Titel: „Andreae Gabrielis, organistae Sereniss. Reipubl. Venetiarum, Psalmi Davidici qui poenitentialis nuncupantur, tum omnis generis instrumentorum, tum ad vocis modulationem accomodati etc. etc." in Venedig erschienen. Ist hier ausdrücklich bemerkt, dass das Werk für jede Art von Instrumenten, sowie für Singstimmen gesetzt sei, so fehlt doch jede Andeutung über Auswahl und Benutzung der verschiedenen, in jener Zeit gebräuchlichen Tonwerkzeuge. Jedenfalls bestand hierin noch völlige Freiheit und nur die in den Singstimmen vorgezeichneten Schlüssel gaben einen allgemeinen Fingerzeig für die anzuwendenden Instrumente. Dass bei solchen Gelegenheiten auch die Violine, deren Existenz seit dem Anfange des 16. Jahrhunderts ausser allem Zweifel ist [1]), als Stellvertreterin des Sopranes benutzt wurde, ersehen wir mit voller Bestimmtheit aus den 1587 zu Venedig veröffentlichten „Concerti di Andrea et di Gio: Gabrieli orga-

---

1) Die Kunst des Violinbaues reicht, so weit wir gegenwärtig mit Sicherheit zu sehen vermögen, bis zum ersten Decennium des 16. Jahrhunderts hinauf; als frühester Repräsentant derselben ist Gaspard Duiffopruggar zu nennen. Durch die besondere Gefälligkeit des Herrn Niederheitmann, eines eifrigen und wohlunterrichteten Kunstliebhabers in Aachen, habe ich erwünschte Gelegenheit gefunden, drei unzweifelhaft ächte und noch durchaus guterhaltene Violinen dieses Meisters zu sehen und zu prüfen. Sie rühren aus den Jahren 1511, 1517 und 1519 her. Zwei derselben haben einen vortrefflichen Ton. Aeltere Violinen sind bis jetzt nicht bekannt geworden, und man darf daher mit einiger Wahrscheinlichkeit annehmen, dass Duiffopruggar der erste Künstler seines Fachs war, welcher Geigen fertigte. Ueber das Leben dieses merkwürdigen Mannes ist wenig bekannt. Zu Anfang des 16. Jahrhunderts lebte er in Bologna, wie die im Innern seiner Violinen angebrachten Zettel beweisen. Franz I. von Frankreich veranlasste ihn nach Paris zu kommen. Später lebte er in Lyon. Ueber Geburts- und Todesjahr des Meisters fehlen sichere Nachrichten. Sein Name deutet offenbar auf den noch heute existirenden Tiroler Familiennamen Tieffenbrucker zurück, und dies verleitet zu der Annahme, dass der muthmassliche Erfinder unserer Violine ein aus Tirol nach Oberitalien ausgewanderter Deutscher sei.

nisti della Sereniss. sig. di Venetia continenti di Chiesa Madrigali, & altro, per voci & stromenti musicali à 6, 7, 8, 10, 12 & 16."

In diesem, gemeinschaftlich von Andrea Gabrieli und dessen Neffen Giovanni Gabrieli herausgegebenen Sammelwerke findet sich schon wiederholt ausdrücklich die Bemerkung „Violino." Wir dürfen hieraus mit Sicherheit den Schluss ziehen, dass die Geige in der zweiten Hälfte des 16. Jahrhunderts neben dem „Cornet" (Zinken), welches durch die Violine bald ganz verdrängt wurde, bereits ihre dominirende Stellung im Kreise der damals weit zahlreicher als jetzt gebräuchlichen Tonwerkzeuge gefunden hatte. In der That eignete sie sich dafür durch lang gehaltene schöne Tongebung und sopranartigen edeln Klang wie kein anderes Instrument. Wir sehen sie daher weiterhin auch, von den Tonsetzern mit besonderer Bevorzugung benutzt, als Führerin der Instrumentalmusik thätig.

Bald ging man aber in der Anwendung der Tonwerkzeuge, und insbesondere auch der Violine, weiter. Die bisherige, vorstehend angedeutete Verwerthung derselben musste nothwendig auf die Idee führen, auch ganz selbstständige Instrumentalstücke zu schaffen. Gegen Ende des 16. Jahrhunderts finden sich denn auch davon die Beispiele vor.

Zunächst ist hier das Werk eines seiner Zeit hochberühmten Orgelmeisters, Namens Maschera (auch Mascara), ins Auge zu fassen. Der Titel desselben ist: „Libro primo de Canzoni da Sonare, a quattro voci, di Florentio Maschera, Organista nel Duomo di Brescia. Novamente con ogni diligenza ristampate. In Venetia appresso Angelo Gardano. MDLXXXXIII.

Das Werk enthält 21 Tonsätze, von denen 11 mit besonderen Namen (wahrscheinlich Familiennamen) bezeichnet sind; ein Gebrauch, der sich bei den Tonsetzern der ersten Hälfte des 17. Jahrhunderts mehrfach wiederholt.

Wann die erste Ausgabe dieser „Canzoni" erschien, war nicht zu ermitteln; ebensowenig ist das Geburtsjahr des Tonsetzers bekannt. Gerber berichtet über ihn wörtlich: „Mascara oder Maschera (Florenzo) ein vortrefflicher Organist, weleher gegen Ende des 16. Jahrhunderts in die 40 Jahre zu Brescia geblühet hat, wurde von den meisten Städten Italiens zu hören verlangt. Dabei war er zugleich Virtuose(?) auf der Violine und der erste, welcher Canzoni Francese auf die Orgel setzte. In Johann Woltzens Tabulaturae Musices Organicae von 1617, findet man noch X Canzoni Francese von diesem Komponisten, aber unter dem Namen Maschera, eingerückt." Bei Fétis findet sich unter dem Namen Mascara die Angabe, dass der Künstler in der ersten Hälfte des 16. Jahrh. zu Cremona geboren sei, dass er Organist in Brescia gewesen und sich auch durch sein Talent auf der „Viola" ausgezeichnet habe. Nach Arisi (Cremona litterata) wäre Maschera einer der ersten gewesen, die auf der Orgel „Canzoni alla francese" hätten hören lassen.

Ohne Frage gehören die „Canzoni" Maschera's, abgesehen von der Tanzmusik, zu den frühesten selbstständigen Instrumentalsätzen, die durch den Druck veröffentlicht wurden. Dass sie ursprünglich für die Orgel bestimmt waren, ist um so weniger zu bezweifeln, als auch andere Tonsetzer jener Epoche, wie z. B. Giov. Gabrieli und Banchieri bei Abfassung ihrer Instrumentalcompositionen zunächst an die Orgel dachten.[1]) Der Umstand indessen, dass diese Musikstücke in einzelnen Stimmen gedruckt wurden, deutet nicht minder auf die Benutzung derselben für beliebige Instrumente. Sehr wohl kann man sie sich von Streichinstrumenten vorgetragen denken.

Im Instrumental-Canzon handelt es sich zunächst um nichts anderes als um eine der Vokalmusik entlehnte Darstellungsform. Jedenfalls ist die Gesangscanzone, wie sich aus Beckers Verzeichniss der Tonwerke des XVI. und XVII. Jahrhunderts entnehmen lässt, um einige Decennien älter als die Instrumentalcanzone. Hier ist es nun augenscheinlich, wie die Tonsetzer jener Zeit, um im instrumentalen Gebiet ausser der Tanzmusik ein Selbstständiges hervorzubringen, zunächst direkt an die Vokalmusik anknüpfen mussten. Die Canzonen

---

1) Mit Beziehung auf Gabrieli weist dies Winterfeld in seinem Werke über diesen Meister ausführlicher nach.

Maschera's lassen diesen Standpunkt in jeder Beziehung erkennen. Die Führung der Stimmen ist im engsten Sinne durchaus gesanglich; nichts erinnert darin an das Wesen des Instrumentalen. Der Satz entwickelt sich gleichfalls nach Art der in der Gesangscomposition herkömmlichen Bildweise des Contrapunktisch-Imitatorischen. Die Form in ihrer Totalität endlich ist liedartig. So z. B. in N. I der Musikbeilagen. Wir haben hier einen zweitheiligen Satz vor uns. Die erste Hälfte desselben, aus zwanzig Takten bestehend, wird wiederholt. Daran schliesst sich der zweite Theil von etwas grösserer Ausdehnung; er ist 30 Takte lang. Auch er wird repetirt, worauf eine Coda von 7 Takten folgt.

Ganz anders erscheint der formelle Zuschnitt, ohne doch das Wesen des Liedartigen aufzuheben, in N. II der Musikbeilagen. Dieses Tonstück ist, wie leicht erkenntlich, aus mehreren kleinen Sätzen gebildet. Die Einleitung in ungerader Bewegung besteht aus 21 Takten. Sodann folgt ein längeres Stück (¢) von 6 Perioden zu 22, 21, 18, 19, abermals 19 und endlich 23 Takten.

Wie bedeutsam Maschera's Canzonen auch für ihre Zeit gewesen sein mögen, so stehen sie doch betreffs der Gestaltung und des musikalischen Gehaltes gegen die gleichartigen, nur wenige Jahre später erschienenen Arbeiten Giov. Gabrieli's entschieden zurück, dessen hohe Meisterschaft im polyphonen Satz auch hier den Sieg vor anderen angesehenen Tonsetzern behauptete.

Maschera bewegt sich, wie schon gesagt, noch im engsten Anschluss an den Vokalsatz. Die Loslösung von dem letzteren konnte nur allmählig und in dem Maasse erfolgen, als das Instrumentenspiel, namentlich aber das Violinspiel, sich ausbildete. Dieses bot durch die höchst complicirte Technik für seine Entwickelung ganz besondere Schwierigkeiten dar. Allein sehr bald schon trat das unverkennbare Bestreben hervor, ein dem Vokalen entgegengesetztes Instrumentales zu gestalten. Dies ist aus dem folgenden Werke: „Sacrae symphoniae Joh. Gabrielis seren. Reip. Venetia. organistae in ecclesia divi Marci: senis 7, 8, 10, 12, 14, 15 et 16 tam vocibus quam instrumentis. Venetiae, apud Angelum Gardanum 1597" zu ersehen. Dasselbe enthält 16 Instrumentalstücke zu 8—16 Stimmen. Der Mehrzahl nach sind es Canzonen. Nicht allein die Form ist erweiterter, vermannichfaltigter, der Gedankengehalt vollwiegender wie bei Maschera, auch die musikalische Gesammtwirkung zeigt sich gesteigert: sie erhält durch die reichverschlungene Polyphonie einen Charakter, der sich vom Liedartigen entfernt und zum Symphonischen hinüberneigt. Obwohl in den einzelnen Stimmen nichts vorkommt, was nicht durchaus gesanglich und also mit Beziehung auf das vokale Element gedacht ist, so offenbart sich doch bis zu einem gewissen Grade das Wesen des Instrumentalen schon in der Figuration und nicht minder in der öfters andauernd hohen Lage des „Canto", dessen Ausführung durch eine Singstimme jedenfalls bedenklich wäre.

Noch entschiedener und deutlicher tritt dies Alles in einem Instrumentalwerke Gabrieli's hervor, welches nach dem Tode des Meisters vom Padre Thaddeo veröffentlicht wurde. Der Titel ist: „Canzoni et Sonate del Signor Giovanni Gabrieli Organista della Serenissima Republica di Venetia in S. Marco. a 3[1]). 5. 6. 7. 8. 10. 12, 14. 15. & 22 Voci per sonar con ogni Sorte de instrumenti. Con il Basso per l'Organo. Dedicate al Serenissimo Duca di Baviera dal Reverendo P. F. Thaddeo da Venetia Agostiniano. Stampa del Gardano in Venetia MDCXV."

Dieses Werk enthält 21 Musikstücke, von denen 16 als Canzonen und 5 als Sonaten bezeichnet sind.

Wir geben in N. III und VIII der Musikbeilagen zwei Canzonen Gabrieli's aus den Jahren 1597 und 1615, die das Gesagte näher veranschaulichen werden.

In der ersten derselben stellt der achtstimmige Satz zwei Chöre zu je 4 Stimmen dar, die ähnlich, wie in den Vokal-

---

1) Die Zahl 3 beruht auf einem Irrthum, der auch in Winterfeld's Werk über Giov. Gabrieli übergegangen ist. In der Sammlung dieses Meisters vom Jahr 1615 findet sich kein einziges Musikstück zu 3 Stimmen. Die kleinste Zahl ist 5.

werken des Meisters, gleichsam in Frage und Antwort bald abwechselnd, bald vereint in kunstvoller contrapunktisch imitatorischer Behandlung auftreten. Der Anfangssatz (₵) lässt zwei Theile deutlich erkennen. Der erste, aus 12 Takten bestehend, wiederholt sich, wogegen der zweite ohne Repetition in 18 Takten zu dem Satz (3) von 8 Takten führt. Hieran schliesst sich eine Periode von 9 Takten, an den Anfangssatz erinnernd. Diese beiden letzteren Stücke werden, ausgenommen die drei letzten Takte des ₵-Satzes, wiederholt, nur dass beide Chöre ihre Rollen wechseln. Betrachten wir die vorliegende Canzone in ihrer Totalität, so stellen sich uns im Grunde zwei Hauptsätze dar. Der erste, welcher aus zwei, und der zweite, welcher aus 4, oder will man die Wiederholungen nicht rechnen, gleichfalls aus zwei Theilen besteht.

Die zweite der mitgetheilten Gabrieli'schen Canzonen zeigt eine abweichende Struktur. Sie ist auf 6 Stimmen, von denen zwei sich zum Theil als reine Verdoppelungsstimmen erweisen, gesetzt, und aus der mehrmaligen Wiederholung zweier nach Maass und Bewegung unterschiedener Perioden gebildet. Die eine derselben im Tripeltakt kehrt Note für Note, einmal sogar doppelt, immer wieder zurück; die andere mit mannichfachen Modificationen. Im Uebrigen ist das liedartige Gepräge der Oberstimme vorherrschend.

Vergleichen wir beide Canzonen miteinander, so erkennen wir alsbald, dass sich in jeder derselben eine bestimmte künstlerische Oekonomie betreffs der formellen Anordnung offenbart. Zugleich werden wir aber auch darüber belehrt, dass selbst bei einem und demselben Meister die Canzonenform keine ein für allemal feststehende war. In der That zeigt diese Art von Instrumentalsätzen bei Gabrieli die mannichfaltigste Verschiedenheit sowohl hinsichtlich der Struktur des Ganzen als auch betreffs der Ausdehnung und Zahl der zu einem Stücke vereinigten Sätze und Sätzchen. In dem vorhin citirten Werk Gabrieli's vom Jahr 1615 schwankt die Gliederung der Canzone zwischen 1 und 12; d. h. es kommen darin Tonstücke dieser Gattung zu 1, 2, 3, 4, 9 und 12 Theilen vor.

Selbst die thematische Beziehung der einzelnen Sätze und Perioden zu einander ist nicht einmal immer so hervortretend, wie in dem ersten der gegebenen Beispiele. Hieraus darf geschlossen werden, dass eine bestimmte formelle Norm für diese Art von Instrumentalsätzen nicht bestand. Die Annahme liegt vielmehr nahe, dass nächst dem Vorbilde der in ihrer formellen Erscheinung freilich durchs Wort bestimmten Vokalcanzone, aus der die Instrumentalcanzone offenbar entstand, die jeweilige künstlerische Stimmung entscheidend für die mehr oder minder in Zeitmaass, Bewegung, Ausdehnung des Satzbaues nach Zahl und Umfang wechselnde Formgebung war.

Einen weiteren Beleg hierzu geben die Canzonen Banchieri's, eines Zeitgenossen Gabrieli's, der 1567 in Bologna geboren, und von Giuseppe Guami, Organist an der Cathedrale zu Lucca, und später an S. Marco zu Venedig, gebildet, lange Zeit in gleicher Weise wie sein Lehrmeister, an der Kirche S. Maria in Regola zu Imola thätig war. Weiterhin wurde er Olivetauermönch und Organist im Kloster S. Michele in Bosco, nahe bei seiner Vaterstadt. Als sein Todesjahr wird 1634 angegeben. Er wurde als fruchtbarer Tonsetzer und theoretischer Schriftsteller hochgeschätzt. Für Bologna's Musikleben speciell erwarb er sich das grosse Verdienst, die erste musikalische Akademie, mit dem Beinamen „de floridi" im Jahre 1615 gegründet zu haben, aus der schliesslich 1666 die noch heute dort bestehende „Accademia filarmonica" hervorging. Im Jahre 1603 veröffentlichte er in zweiter Ausgabe (wann die erste erschien, war nicht zu ermitteln) Instrumentalcompositionen unter dem Titel: „Fantasie overo Canzoni alla Francese per sonare nell' organo et altri stromenti musicali, A quattro voci di Adriano Banchieri, Bolognese, Organista di S. Maria in Regola d'Imola, Badia dell' Illustriss. S. Cardinale Aldobrandino. Nuovamente reviste & ristampate. In Venezia apresso Ricciardo Amadino MDCIII." Die Dedication an Giulio Cesare Bianchetti (Visitario della Romagna) ist vom 8. Januar 1603 datirt.

Der Inhalt bietet 21 Stücke, von denen das letzte mit

weltlichen Textesworten [1]), also zum Singen bestimmt ist. Wir geben in den Musikbeilagen zwei der Banchieri'schen Instrumentalcanzonen unter N. V und VI.

Der Componist bewegt sich im Allgemeinen auf dem Niveau der Bildweise Maschera's, nur in der Formgebung ist er von diesem und auch von Gabrieli abweichend, wie die mitgetheilten Beispiele auf den ersten Blick erkennen lassen. Beide bestehen aus einem dreitheiligen, mit einer Coda schliessenden Satz. Bemerkenswerth ist hierbei aber, dass in beiden Stücken der erste Theil mit dem dritten correspondirt, wodurch der zweite Theil als eine Art von Mittelsatz erscheint, wie es in dem ersten Stück der späteren, wenn auch mehr durchgebildeten Sonatenform der Fall zu sein pflegt.

Die von uns beobachtete Mannichfaltigkeit der Instrumental-Canzonenform wiederholt sich, obschon in anderer Weise, bei der gleichzeitig auftauchenden „Sonata", nur dass hier jeder Anhalt an eine historisch überkommene Kunstform, wie bei der Canzone, fehlt.

Ursprünglich bedeutet das Wort „Sonata" (abgeleitet von Suonare klingen, spielen) nichts anderes, als ein für Instrumente gesetztes Tonstück, einfach im Gegensatz zur Gesangscomposition. Der specifische formelle Begriff, welcher sich später und bis auf unsre Tage mit diesem Namen verbindet, existirte zur Zeit Gabrieli's noch nicht. Daher ist die „Sonate" zu Ende des 16. und in der ersten Hälfte des 17. Jahrhunderts, wie wir weiterhin sehen werden, in ihrer formellen Erscheinung ein proteusartiges Erzeugniss, — eine naturnothwendige Folge des allmähligen genetischen Prozesses, dem dieses also genannte Kunstprodukt von seinem Erscheinen ab bis zur Feststellung der allgemeinen, noch heute geltenden Grundzüge während eines ganzen Säculums unterworfen war.

Dass zu Gabrieli's Zeiten ein Unterschied zwischen den Instrumentalcompositionen gemacht wurde, welche man einmal

---

[1]) Der Text beginnt: „Dite ecco le trombe, tan ta ra, a l'arme, Che son nemici nostri." etc. etc.

„Canzone" und das andere Mal „Sonata" nannte, erscheint unzweifelhaft, sonst hätte man nicht diese verschiedenartige Bezeichnung gewählt und angewendet. Allein für die Gegenwart ist dieser Unterschied äusserst schwer, vielleicht auch gar nicht mehr genau zu bestimmen.

Michael Prätorius, der Zeitgenosse Gabrieli's, sagt in dem 1618 veröffentlichten dritten Theil seines „Syntagma" (S. 24) darüber Folgendes: „Sonata a Sonando wird also genennet, daß es nicht mit Menschen Stimmen, sondern allein mit Instrumenten, wie die Canzonen, musicirt wird; Derer Art gar schöne in Joh. Gabrielis vnd andern Autoren Canzonibus vnd Symphoniis zu finden seyn. Es ist aber meines erachtens dieses der vnterscheyd: Daß die Sonaten gar gravitetisch vnd prächtig vff Motetten Art gesetzt seynd; Die Canzonen aber mit vielen schwartzen Notten frisch, frölich vnnd geschwinde hindurch passiren." [1])

Bei dieser Erklärung ist vor Allem nicht zu übersehen, dass Prätorius eine rein individuelle Meinung über den Unterschied der Canzone und Sonate — er sagt „meines erachtens" — ausspricht, dass mithin seine Ansicht keine allgemeine Geltung hatte. Wie dem auch sei, an sich ist das, was er als Merkmal der Unterscheidung für beide Bezeichnungen vorbringt, keineswegs geeignet, um uns eine deutliche Vorstellung zu geben.

Die Bemerkung, dass die Sonaten „vff Motetten Art gesetzt seynd" gibt durchaus keinen bestimmten Haltpunkt, da der Name Motette, wie aus den weitläufigen Erklärungen des genannten Autors in seinem schon erwähnten Werk (Theil 3. S. 25 ff.) hervorgeht, eben so schwankend und vieldeutig war, wie die meisten anderen in jener Zeit für die musikalische Composition gebräuchlichen Bezeichnungen. Wollte Prätorius sagen, dass die contrapunktisch imitatorische Bildweise, welche in der sogenannten Motette vorwaltete, auch in den als

---

1) Unter dem Worte Sonata (Sonada) verstand man damals auch die bei der Tafel und beim Tanz Aufspielenden. Vgl. Prätorius Tom. 3, Theil 3. Cap. 8.

„Sonate" bezeichneten Instrumentalsätzen angewendet wurde, so ist dagegen zu bemerken, dass diese Bildweise damals die allgemein verbreitete und für alle Gattungen von Tonstücken üblich war. Wollte er dagegen das geistige Wesen der Sonate durch einen Vergleich mit der Motette charakterisiren, wie die Worte „gravitetisch" und „prächtig" andeuten, so muss man einwenden, dass die Motette dasselbe Gepräge zeigt, wie alle kirchliche Vokalcomposition jener Periode. Dieses Gepräge besteht in einem feierlich pathetischen Zuge. - Durch die Motette ist also kein unterscheidendes Merkmal gegeben.

Die der Canzone von Prätorius im Gegensatz zur Sonate zugeschriebene Eigenschaft, dass „fie mit vielen schwartzen Noten frisch, frölich vnnd geschwinde hindurch passiren", ist keineswegs geeignet, uns näher aufzuklären. Offenbar ist hier von der Figuration die Rede. Gleich die Canzonen Maschera's wiedersprechen dieser Erläuterung Prätorius aufs Entschiedenste. In ihnen ist alles ruhig aufs Einfachste und fast durchweg in gleichmässiger Bewegung gehalten. Bei Gabrieli kommen freilich Canzonen mit figurirten Stimmen, und Sonaten ohne dieselben vor. Aber auch das Gegentheil findet eben so oft statt. So haben z. B. die Sonaten unter den Nummern XVIII und XIX in dem 1615 veröffentlichten Sammelwerke Gabrieli's eine reiche Figuration, während von dieser letzteren in den Canzonen unter N. I, IV, IX und XII in demselben opus wenig die Rede ist. Was also Prätorius über den Unterschied der Sonate und Canzone bemerkt, liefert nach keiner Seite hin einen stichhaltigen Beweis.

Carl v. Winterfeld, der hochverdiente Autor im Gebiete der Musikgeschichte, versucht für die aufgeworfene Frage folgende Erklärung in seinem Werke über Giov. Gabrieli (Thl. 2 S. 106 ff.) „Forschen wir nun der Bedeutung jener beiden Benennungen, wie sie in Gabrieli's Werken sich angewendet finden, genauer nach, so sehen wir in den beiden schon zuvor angegebenen gedruckten Sammlungen aus den Jahren 1597 und 1615 sie mit ziemlicher Uebereinstimmung gebraucht. Mit dem Namen „Sonata" sind in beiden gewöhnlich solche Instrumentalwerke bezeichnet, welche ohne bestimmt vorherrschenden, melodischen Grundgedanken, die Tonart als harmonisches Motiv (?) darstellen; nur dass die Folge von Zusammenklängen, aus denen sie bestehen, nicht, wie bei den Toccaten, durch ein flüchtig dahin gaukelndes Tonspiel überkleidet und verziert ist, sondern gewöhnlich nur solche durchgehende Noten angewendet werden, die zur Bequemlichkeit der Uebergänge nöthig sind, und wie sie, wir möchten sagen zufällig, aus dem Ganzen hervortretende, melodische Gänge bilden, auch vorübergehend Motive flüchtiger Nachahmungen werden. In der Canzone dagegen tritt das melodische Element, der innerhalb der Grenzen der gewählten Tonart gebildete melodische Grundgedanke herrschend hervor; und enthält die Sonata um jene Zeit meist völlig sich des Wechsels von Maass und Bewegung, so scheint die oft rasche Aenderung beider auf den ersten Anblick ein die Canzone eigenthümlich Bezeichnendes zu sein. In diesem letzten Kennzeichen jedoch stimmen diejenigen Tonwerke, denen in der zuvor gedachten handschriftlichen Sammlung der Name Canzone beigelegt ist, nicht überein mit den gleich benannten in den beiden gedruckten Sammlungen. Der vorwaltende melodische Bestandtheil ist beiden gemein, nur ist er in den handschriftlichen Canzonen als bewegender Grundgedanke durchhin vorherrschend, und bei gleichem Maasse und unveränderter Bewegung durchgeführt; bei den gedruckten waltet nur in den einzelnen gleichgemessenen Theilen ein Grundgedanke mit Stätigkeit vor, untereinander sind sie allein dadurch zu einer Einheit verknüpft, dass er theilweise durch sie anklingt."

Diese Erläuterung Winterfeld's lässt bei einer Vergleichung mit Gabrieli's „Canzonen" und „Sonaten" leicht erkennen, dass der geistreiche Forscher den besten Willen gehabt, eine unterscheidende Charakteristik beider vom Tonmeister für seine Arbeiten gewählten Bezeichnungen zu geben. Zugleich drängt sich aber auch die Wahrnehmung auf, dass Das, was er darüber sagt, nicht durchaus überzeugend, weil nur theilweise zutreffend ist. Ausdrücke wie „mit ziemlicher

Uebereinstimmung" und „gewöhnlich" geben keine positiven Haltpunkte, sondern lassen vielmehr eine Alternative übrig. Selbst das im ersten Moment richtig erscheinende Kennzeichen der Canzone hinsichtlich des öfteren „Wechsels von Maass und Bewegung" muss Winterfeld durch die Bemerkung widerlegen, dass die Canzonen Gabrieli's in der von ihm citirten handschriftlichen Sammlung [1]) in „gleichem Maasse und unveränderter Bewegung" durchgeführt sind, ähnlich jedenfalls wie in N. I des Gabrieli'schen Werkes von 1615 und zum Theil auch in Maschera's Canzonen.

Halten wir uns an die unbestreitbare Thatsache, dass Gabrieli einerseits „Canzonen" und „Sonaten" geschrieben hat, in denen ein „Wechsel von Maass und Bewegung" stattfindet, und andererseits wiederum dergleichen Tonstücke, bei denen dies nicht der Fall ist, so wird die Annahme illusorisch, dass das Vorhandensein von Maass- und Bewegungswechsel ein Kriterium für die „Canzone", das Gegentheil davon ein charakteristisches Merkmal für die „Sonate" sei.

Dass die Figuration keinen sichern Haltpunkt für die Unterscheidung der Canzone und Sonate gewährt, ist schon früher gesagt worden: es gibt bei Gabrieli ebensowohl „Canzonen" wie auch „Sonaten" mit und ohne Figuration.

Dagegen ist es richtig, wenn Winterfeld sagt, dass von Gabrieli der Name „Sonata" für Instrumentalwerke ohne bestimmt vorherrschenden melodischen Grundgedanken gebraucht wird; ferner auch, dass in der Canzone das melodische Element — nicht immer aber, wie wir hinzufügen, der „melodische Grundgedanke" in dem Sinne einer Art von Durchführung oder thematischer Arbeit — herrschend hervortritt.

Diese letztere Bemerkung, welche mit der gemachten Einschränkung auch für die gleichnamigen Erzeugnisse anderer Tonsetzer jener Zeit gelten darf, lässt die Vermuthung gerechtfertigt erscheinen, dass die Instrumentalcanzone im Anschluss an die Vokalcanzone [2]) entstanden ist, wie diese

---

1) Sie sind mir bis jetzt nicht zugänglich gewesen.

2) Wie weit bei dieser ein Einfluss der Tanzmusik stattgefunden hat, bleibe dahingestellt. Thatsächlich wurden zu Ende des 16. und

wiederum mit dem Volksgesange im Zusammenhange steht. Wir dürfen solches aus dem Umstande schliessen, dass bei weitem der grösste Theil der im Laufe des 16. Jahrhunderts componirten und veröffentlichten Canzonen mit den Beinamen „villanesche", „italiane", „Napoletane", „Ferrarese" und endlich auch „Francese" versehen ist.[1]) Hier lässt sich also dieselbe nahe Beziehung zum Volksgesange erkennen, wie bei der kirchlichen Vokalcomposition, welche sich in der ersten Zeit ihrer Blüthe gleichfalls an das Volkslied lehnte.

Für die „Sonate" dagegen, in Betreff deren man sich eben ausschliesslich auf Gabrieli angewiesen sieht, weil keine Compositionen eines zweiten zeitgenössischen Meisters mit dieser Bezeichnung vorhanden sind, fehlt es an einem solchen bestimmten Haltpunkte. Hier handelt es sich um Instrumentalsätze von freier Erfindung, in denen, wie schon gesagt, das melodische Element in den Hintergrund tritt. Die Gestaltungsweise lässt zur Hauptsache ein einfaches Aneinanderreihen von abwechselnd ruhigeren, gehalteneren und bewegteren, rhythmisch belebteren Motiven oder Perioden, ohne wesentliche wechselseitige Beziehung erkennen.

Wie nun Gabrieli dazu gekommen, seine Instrumentalsätze, in denen der Accent nicht auf dem melodischen Element

---

Anfang des 17. Jahrh. gewisse Tanzweisen mit Text versehen. Ein Beispiel dafür bieten die mir vorliegenden fünfstimmigen Paduanen und Galliarden Valentin Haussmann's (gedr. 1604 zu Nürnberg), deren Gesammtzahl sich auf je 37 beläuft. Die ersten zehn derselben sind mit Texten erotischen Inhalts versehen, die übrigen dagegen ohne Texte, also ausschliesslich für Instrumente bestimmt. Andere Beispiele finden sich bei dem italienischen Tonsetzer Gastoldi, der, um nur einen Beleg anzuführen, 1591 „Balletti a cinque con li suoi versi per cantare, suonare et ballare" in Venedig herausgab. Von gleicher Art sind die Ballette des englischen Componisten Thomas Morley, welche im Jahr 1595 unter dem Titel „Ballets for five voices" in London erschienen, und neuerdings wieder von Eduard F. Rimbault publicirt wurden. Nicht anders wird es sich bei den unter dem Namen „Canzone" herausgegebenen Gesangscompositionen jener Epoche verhalten. Wir beschränken uns hier auf diese Andeutungen, die Frage selbst näherer Untersuchung vorbehaltend.

1) Vergl. Beckers Tonwerke des 16. und 17. Jahrh.

ruht, „Sonata" zu nennen, ist leicht erklärlich, wenn man sich vergegenwärtigt, dass dieser Terminus nichts anderes bedeuten soll als „ein Stück zum Spielen." Zunächst ist also das Wort „Sonata" als etwas rein Aeusserliches und nicht als eine bestimmte Darstellungsform zu nehmen. Die Voraussetzung indessen, Gabrieli habe zu einer solchen den Versuch machen wollen, soll nicht bestritten werden.

Der Name „Sonata" kam in der Folge, während die Bezeichnung „Canzone" für Instrumentalsätze nach Gabrieli's Wirken seltener wurde, um endlich gleich nach Mitte des 17. Jahrhunderts ganz zu verschwinden, mehr und mehr in Gebrauch; offenbar, weil derselbe in seiner Allgemeinbedeutung den Tonsetzern freieren Spielraum für die Gestaltung gewährte und daher bequem war für eine ungebundenere tonkünstlerische Bildweise. Bemerkenswerth ist hierbei, dass in manchen, später zu beobachtenden Fällen die Vielgliedrigkeit der „Canzone", wie solche mitunter bei Gabrieli vorkommt, in der „Sonata" wiederkehrt. Die Gabrieli'sche „Sonata" zeigt nicht mehr wie fünf nach Maass und Bewegung gesonderte Sätze, während unter seinen Canzonen vom Jahr 1615 zwei von 9 und sogar eine von 12 Theilen sich befinden. Dem entsprechend enthält z. B. Massimiliano Neri's Werk vom Jahr 1551 eine neunsätzige „Sonata."

Werfen wir noch einen Blick auf Gabrieli's Instrumentalcompositionen aus den Jahren 1597 und 1615, so fällt zunächst der vielstimmige Satz auf. Derselbe umfasst die weite Skala von 4—22 Stimmen zu 1—3 Chören. Ueberwiegend ist der achtstimmige Satz zu 2 Chören (in den mitgetheilten Musikbeilagen finden sich zwei Beispiele davon) vertreten.

Diese Vielstimmigkeit ist ein Eigenthümliches der Venetianischen Tonschule. Zunächst offenbarte sie sich in der Vokalmusik und von dieser wurde sie in die Instrumentalmusik hinübergenommen. Die grösste Ausdehnung in der letzteren bezüglich der Stimmenzahl ist bei Giov. Gabrieli zu suchen. Sein Beispiel wirkte noch bis zur Mitte des 17. Jahrhunderts fort, wie wir aus den später zu betrachtenden Werken Massimiliano Neri's (gleichfalls ein Venetianischer Tonmeister) ersehen, dessen soeben schon citirte Sonate vom Jahr 1651 zwölfstimmig ist. Ohne Frage steht diese polyphone Behandlung des Tonsatzes in enger Beziehung zu dem damaligen öffentlichen Leben der Dogenstadt. Die republikanische Verfassung, verbunden mit jenem aristokratischen Pomp, der eine Folge unermesslichen Reichthums und imponirender Herrschaft in handelspolitischer Beziehung war, brachte feierliche Aufzüge und Festlichkeiten mannichfachster Art mit sich, deren hauptsächliche Schaubühne der Markusplatz und dessen Umgebung oder auch das Meer war. Bei allen diesen Veranlassungen nun spielte die Musik eine wichtige Rolle. Sie musste durch vielstimmige Anordnung und reichtönende Klangfülle dem Gepränge und dem Glanze der Versammlungen, um so mehr namentlich aber überall da entsprechen, wo es sich um einen öffentlichen, im Freien zu begehenden Akt handelte. Es war dafür ein fest angestellter, den Verhältnissen angemessener Chor von Sängern und Instrumentalisten in steter Bereitschaft. Nach Fétis' Angabe bestand das Orchester von S. Marco im 17. Jahrhundert aus 8 Violinen, 11 kleinen Violen oder Violetten für die zweite und dritte Stimme, 2 Violen da braccio (Tenor), drei grossen Violen da gamba und Violone (contrabasso de viola); ferner 4 Theorben, 2 Cornetten (Zinken), 1 Fagott und 3 Posaunen. Zusammen 35 Instrumente. Bei besonders festlichen Gelegenheiten wurden diese Instrumente indess wohl noch bedeutend durch Hinzuziehung extraordinärer Kräfte verstärkt, wie aus Gabrieli's Werk vom Jahr 1615 zu folgern wäre. Das in demselben unter N. XVIII als „Sonata" bezeichnete Tonstück erfordert zum Beispiel eine Besetzung von 3 Cornetten und 8 Posaunen. Dem entsprechend war dann auch sicher die Besetzung des Streichquartetts, wo es zur Anwendung kam.

In Betreff der zu benutzenden Tonwerkzeuge bestand jedenfalls etwas Herkömmliches, eine Convention. Wenigstens finden sich in den Compositionen der Tonsetzer aus dem Ende des 16. Jahrhunderts keine Bestimmungen darüber, und nur Giov. Gabrieli gibt erst in einzelnen Fällen Vorschriften über die anzuwendenden Instrumente. Als solche sind namentlich anzuführen: die Posaune (Trombon), der Zinken (Cornetto) und die Violine. Die letztere, welche unser Interesse speciell in Anspruch nimmt, zuerst ausdrücklich in die Instrumentalcomposition eingeführt zu haben, ist, wenn nicht das·unbestreitbare Verdienst Giov. Gabrieli's, so doch sicher der Venetianischen Tonschule.

Die Geigenbehandlung Gabrieli's ist, wie die in den Musikbeilagen mitgetheilten Beispiele erweisen, dem jugendlichen Alter des Instrumentes ganz entsprechend noch sehr einfach. Noten von grösserer oder kürzerer Dauer wechseln mit mässig bewegten aus dem Dreiklang und der Skala entwickelten figurirten Partien ab. Diese haben schon etwas entschieden Instrumentales. Der Umfang ist bereits bis in die dritte Lage hinaufgerückt, wogegen die Benutzung der tiefsten Saite (des G) noch ausgeschlossen bleibt, — eine Erscheinung, über welche später das Nöthige nachgeholt werden wird.

Bemerkt muss aber an dieser Stelle werden, dass durchaus nicht überall in Gabrieli's Compositionen, wo die Bezeichnung „Violino" steht, unsere heutige Violine gemeint ist, wie man wohl auf den ersten Blick glauben könnte. Sie findet sich bei Stimmen, die sowohl im C- und G-Schlüssel, wie auch im Altschlüssel verzeichnet sind. Für den letzteren wurde unzweifelhaft die Bratsche gebraucht, wie einzelne vorgeschriebene Töne, die nur auf der C-Saite der Bratsche gegriffen werden können, deutlich beweisen [1]). Offenbar hat in solchen Fällen der Componist bei dem Worte „Violino" den Zusatz „da braccio" weggelassen, was begreiflich erscheint, wenn man sich vergegenwärtigt, dass man in jener Zeit unter dem Ausdruck „Violino" vielfach nicht bloss diese, sondern auch die Bratsche verstand; umgekehrt findet sich mitunter auch wieder für die Violine die Bezeichnung „Viola" (vergl. den weiterhin mitzutheilenden Titel eines Violinwerkes Carlo

---

1) Vergl. N. IV der mus. Beilagen, so wie die Musikbeilagen zu Winterfeld's Joh. Gabrieli S. 67 ff.

Farina's vom Jahr 1627). Es ist klar, dass man in jener Zeit die Ausdrücke Viola und Violino noch nicht so genau unterschied, wie wir es thun. Welchem von beiden Instrumenten es indessen speciell galt, darüber gab der vorgezeichnete Schlüssel Auskunft. Sobald es einmal im Gegensatz zur Vokalcomposition üblich geworden war, ausser den Tanzweisen auch Instrumentaltonstücke freier Erfindung zu gestalten, musste es sich von selbst ergeben, der Gesangsmusik eine selbstständige Instrumentalbegleitung hinzuzufügen. Giov. Gabrieli ist in dieser Beziehung gleichfalls thätig gewesen, wie seine 1615 durch Aloys Grani zu Venedig veröffentlichten „Symphoniae sacrae" beweisen. Sie enthalten z. B. eine Vokalcomposition für Alt, Tenor und Bass mit obligater Begleitung von 2 Zinken (cornetti), 2 Violinen und 4 Posaunen [1]). Also auch nach dieser Seite hin fand die Violine alsbald angemessene Verwerthung.

Indessen gebührt der Ruhm, in dieser Richtung bahnbrechend vorgegangen zu sein, jedenfalls einem Meister, welcher vorzugsweise der zu Ende des 16. Jahrhunderts neu erstandenen Gattung der Oper seine Kräfte widmete: Claudio Monteverde.

Ursprünglich Bratschen-, dann auch ohne Zweifel Violinspieler, wendete er speciell die Geige mit unverkennbarer Vorliebe und einem für den damaligen Standpunkt höchst beachtenswerthen Verständniss sowohl in seinen weltlichen wie in seinen geistlichen Compositionen an. Im Hinblick hierauf seien zunächst seine 1607 in Venedig gedruckten „Scherzi musicali" für dreistimmigen Gesang genannt. In denselben sind die „Ritornelle" für 2 Violinen und Bass geschrieben. Die Geigenbehandlung ist hier im Wesentlichen so, wie bei Gabrieli.

Mehr Antheil erweckt Monteverde's Violinsatz in einem Musikstücke, welches seiner 1610 zu Venedig veröffentlichten Messe angehört, aber auch separat im Gebrauch war, wie

---

1) S. Winterfeld's Joh. Gabrieli Th. 2. S. 116.

folgender Titel zeigt: „Sonata sopra Sancta Maria detratta dall' opera Sanctissimae Virgini Missa senis vocibus ac Vespere pluribus decantandae, eum nonnullis sacris concentibus, ad sacella sive principium Cubicula accommodata. Opera a Claudio Monteverde nuper effecta, ac. Beatiss. Paulo V Pont. Max. consecrato, Venetiis apud Ricciardum Amadinum. 1610.

Dieses Stück ist ein weit ausgeführter Tonsatz, gebildet über den Cantus firmus: „Santa Maria ora pro nobis", welcher wiederholt in Absätzen von einer Stimme oder Stimmgattung allein vorgetragen wird, während die Instrumentalbegleitung, bestehend aus „2 Cornetti, 2 Violini, 2 Tromboni, Viola da Brazzo e Basso" dagegen contrapunktirt. Die Violinbehandlung gewährt um so mehr Interesse, als man aus ihr ersehen kann, dass Monteverde's regsamer, lebhaft vordringender Geist neben dem selbstständigen Instrumentalsatze zum Gesange auch insbesondere bestrebt war, Technik und Spielart des neuen Instrumentes zu erweitern. Die Violine ist hier, im Gegensatz zum vokalen Elemente, schon ganz entschieden als solche behandelt.

Bei weitem bemerkenswerther in diesem Betracht ist aber ein gleichfalls aus dem Jahr 1610 [1]) herrührender Tonsatz von Monteverde. In demselben wird die Violine in mannigfachem, reich bewegtem Figurenspiel bereits bis zum dreigestrichenen F, also bis zur fünften Lage gebraucht, — eine Kühnheit, von der es, so weit wir zu sehen vermögen, in der ersten Hälfte des 17. Jahrh. kein zweites Beispiel gibt.

Vor der Hand und selbst noch bis zum Anfang des 18. Jahrhunderts beschränkte man sich, wenigstens in Italien, auf die drei ersten Lagen des Griffbretts. Höchstens wurde vorübergehend einmal das dreigestrichene E berührt. Nur die beiden deutschen Violincomponisten Walther und Biber, welche in der zweiten Hälfte des 17. Jahrhunderts wirkten, machen hiervon eine Ausnahme. Im Hinblick hierauf darf man es

---

1) S. Winterfeld's Joh. Gabrieli, Musikbeilagen S. 114.

mit voller Ueberzeugung aussprechen, dass Monteverde's hellblickender Geist seiner Zeit mindestens um ein halbes Jahrhundert vorausgeeilt war. Er gab den Violinspielern in dem erwähnten Tonsatz ein technisches Uebungsmaterial, welches von der nächsten Generation, wie die in diese Periode fallenden Instrumentalcompositionen erkennen lassen, noch nicht ganz verwerthet und erschöpft werden konnte. Wie hoch nun aber auch alles Das zu veranschlagen ist, was Männer wie Giov. Gabrieli und Claudio Monteverde für die Violine gethan hatten, so darf man sich doch nicht verhehlen, dass es sich immer erst um die Anfänge einer später zu ausserordentlicher Bedeutung gelangenden Kunst handelte. Beiden Meistern bleibt indessen das ungeschmälerte Verdienst, die Geige, in richtiger Würdigung ihrer edeln, für die Darstellung des Schönen in der Kunst verwerthbaren Eigenschaften zuerst ausdrücklich der höheren Musik dienstbar gemacht zu haben.

Wir haben gesehen, dass die Anfänge eines kunstgemässen Violinsatzes (und selbstverständlich auch des kunstgemässen Violinspiels) durchaus in dem Mutterboden der allgemeinen Musikproduktion wurzeln. Sie sind als ein integrirender Theil der gesammten tonkünstlerischen Thätigkeit jener Zeit zu betrachten und keineswegs getrennt von derselben zu denken. Dies Verhältniss, aus dem allein sich ein gedeihliches Wachsthum des neuen Kunstzweiges ergeben konnte, dauerte auch länger noch fort, obwohl bald, wie sich zeigen wird, einzelne Fälle vorkommen, die das Verlangen erkennen lassen, Violinsatz und Violinspiel von der bisherigen Beziehung loszulösen und gesondert auszuüben.

Die Anregungen hierzu wurden ohne Zweifel durch künstlerische Bestrebungen gegeben, welche gleichzeitig in einem besondern Zweige der Instrumentalcomposition zum Vorschein kamen. Wir meinen jene Anläufe zu einer selbstständigen Orgel- und Klaviercomposition, deren erster Ursprung auf ein gegen Mitte des 16. Jahrhunderts veröffentlichtes Werk von Adrian Willaert und dessen Schüler Cyprian de Rore zurückzuführen ist. Es enthält sogenannte Fantasien, Ricercari und

Contrapuncti, wie Winterfeld [1]) glaubt „für Orgel nicht minder, wie für andere Instrumente".

Diese Erstlingsversuche eröffneten in dem Bereich der Instrumentalmusik ein die letztere befruchtendes Nebengebiet. Dasselbe fand zu Ende des 16. und Anfang des 17. Jahrhunderts weitere Cultivirung durch hochbegabte Männer wie Claudio Merulo und Girolamo Frescobaldi. Beide widmeten ihre Kräfte, neben dem allgemein geübten Vokalsatz, im Anschluss an Willaert's Werk, der Orgel- und Claviercomposition, diese wie jene in Toccaten, Canzonen [2]), Capriccio's, Ricercari, nach verschiedenen Richtungen hin erweiternd und näher bestimmend.

Von besonderer Wichtigkeit erscheinen hier die beiden 1598 und 1604 veröffentlichten Hefte Orgeltoccaten Merulo's (aus denen Winterfeld in den Musikbeilagen zu seinem Werke über Gabrieli eine Nummer mittheilt), und zwar im Hinblick auf eine freiere Entfaltung der Figuration, die in solcher Vielseitigkeit der anderweiten Instrumentalmusik noch fehlte und selbstverständlich zur Nachahmung anreizen musste.

Sodann aber konnte das gegebene Beispiel, Tonstücke für ein Instrument allein zu gestalten nicht unbemerkt bleiben. Und so ist es denn leicht erklärlich, dass man durch solche und ähnliche Erzeugnisse der vorgenannten Meister auf den Gedanken geleitet wurde, auch für die Violine, das Instrument des Gesanges, mit alleiniger Hinzufügung eines Basses etwas derartiges zu wagen.

Ein solches Unternehmen setzte allerdings schon eine vorgeschrittene Behandlung der Geige voraus. Allein die Vorbedingungen dazu waren bereits gegeben. Wir sahen, dass Claudio Monteverde diesem Instrumente schon Aufgaben gestellt hatte, die in bis dahin beispielloser Ausdehnung des Technischen ahnungsvoll auf die Zukunft deuteten. Man brauchte sich nur in den für die Geigenbehandlung von ihm

---

1) S. dessen Giov. Gabrieli. Th. 2. S. 101.
2) Die Orgelcanzone findet sich auch bei Gabrieli. Vergl. Winterfeld's Musikbeilagen zu Giov. Gabrieli. S. 63.

gesteckten Gränzen zu bewegen, ohne sie nur einmal zu berühren, um einen selbstständigen Violinsatz hinzustellen. Bald fand sich denn auch ein Meister, der dies versuchte. Es ist Biagio Marini, geboren gegen Ende des 16. Jahrhunderts zu Brescia. Man berichtet von ihm, dass er sich auf die praktische Behandlung mehrerer Instrumente, namentlich aber auf das Violinspiel verstand. Zugleich war er ein sehr fleissiger Vokal- und Instrumentalcomponist. Seine amtliche Thätigkeit begann er als Capellmeister bei der Cathedrale in Vicenza. Sodann wirkte er um's Jahr 1620 in gleicher Stellung an der Kirche S. Eufemia in seiner Vaterstadt. Ein Jahr später begab er sich nach Deutschland, um in die Dienste des Pfalzgrafen Wolfgang Wilhelm (Neuburgische Linie) zu treten, der ihm die Ritterwürde verlieh. Doch schon 1623 kehrte er in die Heimath zurück, seine künstlerische Thätigkeit als Violinspieler und Componist am Hofe des Herzogs von Parma fortsetzend. Er starb nach Cozzando's „Libreria Bresciana" 1660 (Fétis sagt gegen 1660) in Padua.

Ob Marini zeitweilig auch in Venedig wirkte, ist nirgend angemerkt. Doch spricht der Titel seines zweiten veröffentlichten Werkes [1] — das erste war dem Verf. d. Bl. unerreichbar — deutlich genug dafür. Derselbe lautet:

„Madrigali et Sinfonie a una 2. 3. 4. 5. di Biagio Marini, Musico della Serenissima Signoria di Venetia, fra gli Agitati L'Accademico risonante. opera seconda. Sagrata in protettione al molto illustre sig. Giuseppe Tedoldo Catani, Maestro delle Poste per la Maestà Sacra del Rè di Boemia. Stampa de Gardano in Venezia MDCXVIII. Appresso Bartholomeo Magni."

Da Marini sich ausdrücklich „Musico della Serenissima Signoria di Venetia" nennt, so ist nicht im Mindesten daran zu zweifeln, dass er, wenn auch nur vorübergehend, in Venedig, wahrscheinlich bei dem Orchester von S. Marco beschäftigt war. Hieraus würde sich um so eher eine unmittelbare Beeinflussung seiner schöpferischen Thätigkeit in der

---

[1] Dasselbe ist in keinem der vorhandenen Musiklexica angeführt.

Instrumentalcomposition und besonders im Violinsatz durch Gabrieli und Monteverde erklären lassen.

Ein näheres Urtheil über das zweite Werk Marini's, dessen Titel so eben mitgetheilt wurde, war nicht zu gewinnen, da nur die erste Stimme von demselben vorlag. Das Inhaltsverzeichniss nennt ausser 13 Gesängen a 1—5 voci, 12 zwei und dreistimmige Instrumentalsätze, die theils als Symphonien, theils als Tänze bezeichnet sind. Der vorhandene Canto primo, von der grössten Einfachheit und durch nichts sich auszeichnend, lässt erkennen, dass sämmtliche einsätzige Tonstücke von geringem Umfange sind.

Wichtig ist für uns Marini's drittes Werk vom Jahr 1620, weil es, wie mit Gewissheit vermuthet werden darf, den ersten Versuch einer selbstständigen Violincomposition enthält. Der Titel ist: „Arie, Madrigali et Correnti a 1. 2. 3. di Biagio Marini, Maestro di Capella in Santa Eufemia & Capo della Musica de gli Signori Accademia Erranti in Brescia. Opera terza, dedicata al molto Illustre et eccell^{mo} Signor Ludovico Baitello. Stampa del Gardano in Venezia. MDCXX. Apresso Bartholomeo Magni."

Der Inhalt besteht, wie in opus 2, einerseits aus 17 Gesangs-, andererseits aus 6 Instrumentalstücken. Die letzteren sind benannt: „La Martinenga, Corente à 3, La Auogadrina, Corente à 3, La Capriola à 3, La Chizola, Gagliarda à 3 und Romanesca".

Den ersten fünf dieser Tanzstücke ist keine Bezeichnung in Betreff der anzuwendenden Instrumente hinzugefügt. Ueber den einzelnen Stimmen findet sich nur die Bemerkung: Canto 1, Canto 2 und Basso. Die Wahl der Tonwerkzeuge war also den Spielern anheim gegeben. Einer Ausführung der beiden oberen Stimmen durch Violinen ist nichts entgegenzustellen. Diese zwei- und dreitheiligen Stücke, von denen in den Musikbeilagen unter N. IX zwei Beispiele gegeben sind, gewähren einen Einblick in den damaligen Standpunkt der Tanzmusik: die Gesammtwirkung derselben ist durchgängig wenig anziehend und befriedigend für unser musikalisches Gefühl. Wir wenden uns daher sogleich zur Romanesca und damit zu demjenigen Stücke dieser Sammlung, welches ausdrücklich für die Violine bestimmt ist. Die Ueberschrift lautet: „Romanesca per Violino solo e Basso se Piace: Al Signor Giau Battista Magni Giouanetto di molto aspettatione nel Violino". (Die Widmung galt also Jemand, vielleicht einem Kunstjünger, dessen Violinspiel zu grossen Erwartungen berechtigte.)

Diese „Romanesca" [1]) besteht aus 4 gesonderten Abschnitten, von denen ein jeder zweitheilig ist. Der erste Abschnitt (parte prima) enthält sowohl in seinem ersten wie in seinem zweiten Theile sechs Takte. Der zweite Abschnitt (seconda parte) dagegen hat im ersten Theil nur 5, im zweiten dagegen wiederum 6 Takte. Die Violinstimme ist immer von einem bestimmten melodischen Gepräge, der Bass dagegen einfach contrapunktirend, nur hier und da in der Bewegung sich der Oberstimme anschliessend.

Nun aber folgt im dritten Abschnitt (terza parte in altro modo) ein mit Rücksicht auf das Vorhergegangene ganz neuer und vom Tanzcharakter abweichender Tonsatz von 21 Takten. Die Violinstimme bewegt sich über einem einfachen Basse in langgehaltenen Noten mit freier Achtelfiguration. Sie ist von melodischer Bildung, hat aber doch dabei etwas unbehaglich Sprunghaftes, Eckiges. Zum Theil beruht dies wohl auf dem Umstande, dass der Componist die hier gebildeten Gänge nicht über die erste Lage hinausführt. Eine Tonreihe, die ihre naturgemässe Folge bis in die zweite und dritte Lage hinauf gehabt hätte, musste also an der äussersten Gränze der ersten Position abgebrochen und daher eine Octave tiefer fortgesetzt werden, wodurch denn natürlich eine Störung des melodischen Flusses erfolgt.

Die formelle Gestaltung dieses dritten Abschnittes der „Romanesca" ist im Vergleich zu den beiden vorhergehenden Theilen unklar und schwankend. Von einer deutlichen Periodisirung ist darin nicht die Rede, obwohl die Führung des Basses zeigt, dass der Componist danach gestrebt hat. Das-

---

1) Vergl. N. X der Musikbeilagen.

selbe ist von dem vierten nur aus 12 Takten bestehenden Abschnitte (quarta parte) zu sagen, der gleichsam das Wiederspiel zum Dritten bildet. Denn die Achtelfiguration der Oberstimme geht auf den Bass über, während die Violine in kürzeren oder längeren Noten dagegen contrapunktirt.

Bemerkenswerth in der Romanesca, welcher noch eine Gagliarde und eine Corrente, gleichfalls für Violine solo und Bass, in unmittelbarem Anschluss folgen, ist die häufigere Anwendung des vorher nur selten erst gebrauchten Trillers, so wie einer in späterer Zeit sehr vage als „lombardischer Geschmack" bezeichneten Vortragsmanier. Sie zeigt eine Figur (s. Beispiel X der Musikbeilagen, terza parte, Takt 19), in der wir nichts Anderes zu erkennen vermögen als die Anwendung des Vorschlags. Es verdient indess diese Manier hier Erwähnung, weil uns ein früheres Beispiel davon nicht bekannt geworden ist [1]).

Ein weiteres Werk, in dem Marini die Violine benutzte, ist: „Scherzi e Canzonette a una, e due voci di Biagio Marini, Musico e Sonator di Violino dell' A. S. di Parma: Accomodate da cantarsi nel Chitarone, Chitriglia & altri Stromenti simili: Con i suoi Ritornelli per il Violino, e Chitarone. opera quinta. Al Seren. Ferdinando Gonzaga Duca di Mantoua e Monf. && In Parma MDCXXII. Appresso Anteo Viotti. Con licenza de' Superiori."

Es sind 13 Gesänge, sowohl heiteren als ernsten Charakters für ein und zwei Stimmen.

Wir beschränken uns auf die einfache Anführung dieser Sammlung, da die Violinbehandlung in den Ritornellen der einzelnen Gesänge keinen neuen Standpunkt zeigt. Einzig

---

1) Quantz sagt in seiner Flötenschule: „Der lombardische Geschmack besteht darin, dass man bisweilen, von zwo oder drey kurzen Noten, die anschlagende kurz machet, und hinter die durchgehende einen Punkt setzet, und welcher Geschmack ohngefähr (!) im Jahre 1722 seinen Anfang genommen hat". Man sieht, der brave Quantz, der sich übrigens wohl besser auf Flötenfabrikation und Flötenspiel verstand als auf Kunstgeschichte, verrechnet sich um 100 Jahre.

und allein von Interesse ist hier, dass Marini nach dem Vorgange Monteverde's sich gleichfalls in der Verbindung von Singstimmen und Instrumenten mit Benutzung der Geige versuchte.

Fast gleichzeitig mit Marini's so eben betrachteten Arbeiten tauchen auch von anderer Seite Bestrebungen im Gebiete der Violincomposition auf. Sie beweisen, dass dieses wichtige Instrument schnell die Aufmerksamkeit der Tonsetzer erregt hatte, nachdem es einmal von Meisterhänden in den Kreis des öffentlichen Musiklebens hineingezogen worden war.

Zunächst ist hier Paolo Quagliati's „La sfera armoniosa", ein 1623 zu Rom veröffentlichtes, aus ein- und zweistimmigen weltlichen Gesängen bestehendes Werk zu nennen. In demselben kommt die Violine nicht nur vereint mit der Singstimme, sondern auch als Soloinstrument mit Begleitung der Teorbe, in einer Toccata [1]) zur Verwendung. Diese besteht in einem aus einigen 50 Takten gebildeten Tonsatz von ganz untergeordneter contrapunktischer Bedeutung. Der Violinstimme sind in einfacher Folge meist lang ausgehaltene Töne gegeben, deren melismatische Ausschmückung jedenfalls nach damaligem Brauch dem Spieler überlassen blieb.

Wenn nun auch dieses Stück von äusserster Geringfügigkeit ist und ohne Frage gegen die bisher betrachteten Leistungen im Violinsatze zurücksteht, so erscheint es dennoch geboten, desselben an dieser Stelle zu gedenken, weil es

---

1) Toccata ist nach Prätorius (Syntagma Tom. III. part. I S. 25) „ein Praeambulum oder Praeludium, welches ein Organist, wenn er erstlich vff die Orgel, oder Clavicymbalum greifft, ehe er ein Mutet oder Fugen anfehet, aus seinem Kopf vorher fantasirt, mit schlechten entzelen Griffen, vnd Coloraturen, &. Einer aber hat diese, der ander ein andere Art, davon weitläufftig zu tractiren allhier vnnötig, vnd erachte mich auch zu gering, einem oder dem andern hierinnen etwas fürzuschreiben . . . . . . Sie (diese Stücke) werden aber von den Italis meines erachtens, daher mit Namen Toccata also genennet, weil Toccare heist tangere, attingere, vnd Toccato, tactus: So sagen auch die Italiäner; Toccate un poco: Das heist, beschlagt das Instrument, oder begreifft die Clavier ein wenig: Daher toccata ein Durchgriff oder begreiffung des Claviers gar wol kan genennet werden."

beweist, dass Claudio Merulo's Orgeltoccaten thatsächlich Anlass zur Nachbildung auch im weiteren Bereiche der Instrumental-, namentlich aber der Geigencomposition gegeben hatten. Quagliati war übrigens Klavierspieler und dies erklärt, dass er bei Behandlung des ihm fremden Tonwerkzeuges sich vorsichtig und in den engsten Gränzen der Technik bewegt. Eine andere Bedeutung darf dagegen die Wirksamkeit des Mantuaners Carlo Farina, geb. nach Mitte des 16. Jahrhunderts, beanspruchen, welcher 4 Jahre später ein Violinwerk veröffentlichte. Es sind freilich eben so wenig Nachrichten über seine Kunstthätigkeit wie über sein Leben vorhanden. Allein seine Berufung als Violinspieler an den Hof des Kurfürsten von Sachsen beweist, dass er, gleich wie Marini, eine für die damalige Zeit ungewöhnliche Erscheinung gewesen sein muss.

Bei Gerber wird die Notiz gegeben, dass Farini zu Dresden im Jahr 1628 „eine Sammlung von Sonaten und Pavanen" veröffentlicht habe. Dieses Werk, wenn es überhaupt existirte, ist verloren gegangen. Das Einzige, was bis jetzt von Farina's Composition zu erlangen war, ist eine 1627 gedruckte und in der Königl. Bibliothek zu Dresden aufbewahrte unvollständige Sammlung 4stimmig gesetzter Tanzstücke und „Arien" nebst einem „Capriccio stravagante", deren Titel lautet: „Ander Theil Newer Gagliarden, Courranten, Frantzösische Arien, benebenst einem kurtzweiligen Quodlibet, von allerhand seltzsamen Inventionen, dergleichen vorhin im Druck nie gesehen worden, Sampt etlichen Teutschen Täntzen, alles auf Violen anmuthig zu gebrauchen. Mit Vier Stimmen. Bestellet durch Carlo Farina von Mantua, Churf. Durchl. zu Sachssen bestalten Violisten [1]). Dreßben, gebruckt in der Churf. S. Buchbruckerey durch Gimel Bergen. In Vorlegung des Authoris. Anno M.D.C.XXVII."

Von diesem 30 Musikstücke enthaltenden Werke ist leider nur die erste Violinstimme, der „Cantus" auf unsre Zeit

---

[1] Hier werden für Violine und Violinist die Ausdrücke „Viole" und „Violist" gebraucht, während in Gabrieli's Werken umgekehrt der Name „Violino" für „Viola" gesetzt ist. Vergl. S. 18.

gekommen. Die Notirung ist, wie schon bei den vorher besprochenen Violinsätzen, grossentheils im G-Schlüssel, und in den italienisch geschriebenen Anmerkungen wird ausdrücklich der Terminus „Violino" gebraucht, den der Uebersetzer mit „Geige" wiedergibt. Die Vorrede enthält das Datum: „Dreß= den den 1. Januarii Anno 1627."

Vorzugsweise zieht uns das extravagante Capriccio [1]) an, nicht nur, weil es umfänglicher und mannichfaltiger ist, als die übrigen 29, meist 2- und 3 theiligen Tanzstücke und Arien, sondern weil wir aus ihm mit Bestimmtheit ersehen, dass Farina mit Beziehung auf die Violine andere Ziele verfolgt, wie die vorhergehenden Tonsetzer. Diese bewegen sich auf rein musikalischem Gebiete. Marini speciell knüpfte für die selbstständige Violincomposition in der Romanesca an eine damals übliche Tanzform, Quagliati in seiner Toccata an eine Art des Instrumentalsatzes an.

Farina hingegen sucht in seinem „Capriccio stravagante", wenn auch der Name Capriccio [2]) bereits im 16. Jahrhundert

---

[1]) Vergl. die in N. XI der Musikbeilagen mitgetheilten Bruchstücke.

[2]) Nach Prätorius (Syntagma Tom. III. pars I. S. 21) war Capriccio gleichbedeutend mit Fantasia. Er sagt: „Capriccio seu Phantasia subitania: Wenn einer nach seinem eigenen plesir vnd gefallen ein Fugam zu tractiren vor sich nimpt, darinnen aber nicht lang immoriret, sondern bald in eine andere fugam, wie es jhme in Sinn kömpt, einfället: Denn weil ebener massen, wie in den rechten Fugen kein Text darunter gelegt werden darff, so ist man auch nicht an die Wörter gebunden, man mache viel oder wenig, man digredire, addire, detrahire, kehre vnd wende es wie man wolle. Vnd kan einer in solchen Fantasien vnd Capriccien seine Kunst vnd artificium eben so wol sehen lassen: Sintemal er sich alles dessen, was in der Music tollerabile ist, mit bindungen der Discordanten, proportionibus, & ohn einigs bedenken gebrauchen darff; doch daß er den Modum vnd die Ariam nicht zu sehr vberschreite, sondern in terminis bleibe." Diese Erklärung passt freilich nicht auf Farina's Capriccio. In der That verstand man unter diesem Namen die verschiedenartigsten Musikgestaltungen. Wir erinnern hierbei daran, dass Banchieri seine „Canzoni francese" auch „Fantasie" nennt. Diese Bezeichnung ist für Prätorius gleichbedeutend mit „Capriccio". Also es fehlt durchaus an jeder bestimmten Unterscheidung der Begriffe.

für Instrumentalstücke üblich war, etwas Neues, Unbekanntes, wie der Zusatz „stravagante" beweist. Hierbei geräth er nun aber auf ein der Musik fremdes Gebiet, indem er Thierlaute, z. B. den Hahnenruf, das Gackern der Henne, das Katzengeschrei und Hundegebell, ausserdem aber verschiedene Instrumente nachzuahmen bestrebt ist. In dem Bewusstsein „ein Quoblibet von allerhand seltzsamen Inventionen, dergleichen vorhin im Druck nie gesehen worden", geliefert zu haben, fühlt er sich denn auch zu näheren Erklärungen über seine Absicht gedrängt. Dieselben befinden sich am Schlusse des Werks unter anderen Anmerkungen über den Vortrag des Capriccio's. So sehr sie unsere Lachlust reizen, lassen sie doch den tiefen Ernst nicht verkennen, mit dem der Verfasser seinen unkünstlerischen Stoff behandelt. Hier nur eine Probe davon:

„Das Katzengeschrey anlanget wird folgender gestalt gemacht, daß man mit einem Finger manchen Ton, da die Noten stehen, mehlichen vnterwartz zu sich zeuhet, da aber die Semifusen geschrieben sein, muß man mit dem Bogen bald vor, bald hinter den Steack offs ärgste und geschwindeste als man kan fahren, auff die weise wie die Katzen letzlichen, nach dem sie sich gebissen vnd jetzo außreiffen, zu thun pflegen".

Aehnliche Fingerzeige giebt der Verfasser für die Ausführung der Doppelgriffe und des Tremolo, so wie für die Imitation des „Flautino", des „Fifferino della Soldadesca" (Soldatenpfeifchen), des „Hundegebelles" (il Cane) und der „Chitarra", — ein Beweis, dass die damit verbundenen Spielarten etwas ganz Unerhörtes waren.

Man ersieht aus vorstehenden Citaten, dass das Experiment der Tonmalerei, auf crassem Materialismus beruhend, hier noch an die Stelle freier musikalischer Erfindung tritt. Ohne Zweifel hätte Farina gleich seinen Vorgängern Canzonen und Aehnliches für die Violine schreiben können; er wollte indessen etwas Anderes machen und gerieth hierbei auf einen falschen Weg. Sicher geschah dies nicht mit dem principiellen Bewusstsein, welches unsre heutigen Programmusiker bei ihren ebenso pretentiösen als erfolglosen Entwürfen in Ermangelung wirklicher Schöpfungskraft leitet. Durchaus naiv nahm er, in der Wahl der Mittel sich vergreifend, seine Zuflucht zu Objekten, die ausserhalb der Sphäre des tonkünstlerischen Gestaltens liegen und mit dem innern Wesen der Musik nichts gemein haben. An sich völlig werthlos, liefern diese Experimente indessen nicht nur den Beweis, dass Farina bereits den Drang nach charakteristischer Tonsprache im Instrumentalgebiete fühlte, sondern auch, dass er zuerst die vielseitige Ausdrucksfähigkeit der Violine erkannt hatte. In beiden Beziehungen ist er jedenfalls seinem Zeitgenossen Marini überlegen, nicht minder in der merklich erweiterten und vermannichfaltigten Behandlung der Geigentechnik, wie aus N. XI der Musikbeilagen leicht zu entnehmen. Neu ist das doppelgriffige Spiel, welches zweifellos zuerst von Farina angewandt wurde, weil sich über die Ausführung desselben in den Anmerkungen zu dem „Capriccio" eine specielle Erklärung findet. Wir bemerken dies ausdrücklich mit Bezug auf den für Manchen vielleicht zweifelerregenden Umstand, dass in dem auf der Dresdner Bibliothek befindlichen „Canto" des eben besprochenen Farina'schen Werkes die zweite und dritte Stimme bei den Doppelgriffen und Accorden mit Dinte hinzugefügt ist.

Welche Bewandtniss es sonst mit dem Capriccio stravagante in rein musikalischer Beziehung hat, müssen wir auf sich beruhen lassen. Denn eben so wenig man mit Gewissheit aus irgend einer einzelnen Stimme die tonkünstlerische Beschaffenheit des Tonstücks, zu dem sie gehört, bestimmen kann, eben so wenig vermag man aus dieser Violinpartie ein Urtheil über Werth und Gesammtgestaltung des Capriccio stravagante zu fällen, da die drei anderen harmoniebestimmenden und formergänzenden Stimmen fehlen. Wir glauben indessen aus der grösstentheils aphoristischen, entfernt an die freie Rondoform erinnernden Satzbildung schliessen zu dürfen, dass der musikalische Gehalt nicht von besonderem Werthe sei.

In den bisher betrachteten Musikstücken von Marini, Quagliati und Farina haben wir die Anfänge der selbstständigen Violincomposition vor uns. Das nach Form und Inhalt unbedeutende, wenn auch keineswegs bedeutungslose Wesen derselben zeigt, in wie engen Grenzen sich der menschliche

Geist zuerst dem neuen Instrumente gegenüber bewegt. Seine hier geoffenbarte Thätigkeit lässt mehr oder minder ein Tasten, ein Umherfühlen und Suchen nach verschiedenen Seiten erkennen, so dass es zu einem entschieden befriedigenden Resultate noch nicht kommt. So unsicher, unscheinbar und unergiebig für den künstlerischen Genuss aber auch alle diese Anfänge sind, so liegen doch in ihnen die Keime einer schnell aufsprossenden Saat, die nach verhältnissmässig kurzem Wachsthum schon ihre duftende Erstlingsblüthe entfaltete.

Wie solches nun in allmähliger progressiver Weise zur Erscheinung kommt; wie demnächst die Fortbildung der Violincomposition und des Violinspiels in der weiteren Entwickelung, Ausgestaltung und Vermannichfaltigung des durch Giov. Gabrieli und seine schon betrachteten Zeitgenossen überlieferten Instrumentalsatzes begründet ist, dies zu erweisen, mag in Folgendem versucht werden.

Die vorhergehende Darstellung hat gezeigt, dass man seit dem Ende des 16. Jahrhunderts, abgesehen von gewissen seit lange üblichen Tanzformen zur Erzeugung mannichfacher selbstständiger instrumentaler Tongebilde vorgeschritten war. Dieselben stellten sich, nach freier Wahl der Tonsetzer unter verschiedenen Bezeichnungen dar, denen indess, wie schon bemerkt wurde, keine feststehende Bedeutung zuzuerkennen ist: Alles war noch in den ersten Stadien der Entwickelung begriffen und daher nicht so sicher und bestimmt von einander gesondert, wie die verschiedenen Namen: Sonata, Canzone, Toccata, Capriccio, Fantasia und Ricercar [1] vermuthen

---

[1] Das Ricercar war nach Prätorius (Syntagma Tom. III pars I S. 21) gleichbedeutend mit der Fuge. Der genannte Autor sagt: „Fuga: Ricercar. Ricercare enim idem est, quod investigare, querere, exquirere, mit fleiß erforschen, vnd nachsuchen; Dieweil in tractirung einer guten Fugen mit sonderbahrem fleiß vnnd nachdencken aus allen winkeln zusammen gesucht werden muß, wie vnnd vff mancherley Art vnd weise dieselbe in einander gefügt, geflochten, duplirt, per directum & indirectum seu contrarium, ordentlich, künstlich vnd anmuthig zusammen gebracht, vnd biß zum ende hinaus geführt werden könne". Hierbei hat man sich zu vergegenwärtigen, wie auch schon Winterfeld in seinem Werke über Gabrieli (Th. II S. 106)

lassen, und wie es die spätere Ausprägung der Formen mit sich brachte.

Unter den vorerwähnten Namen nun gelangte der Ausdruck „Sonate" demnächst zu allgemeinerer Benutzung und Verbreitung. Von der Mitte des 17. Jahrhunderts ab wurde er thatsächlich für den bei weitem grössten Theil der Instrumentalmusik gebraucht.

Nach Gabrieli begegnen uns Instrumentalsätze mit der Bezeichnung „Sonata" zuerst wieder in den Arbeiten des Tonsetzers Fontana, mit Vornamen Giov. Battista. Ueber diesen Meister fehlen in den musikalischen Handbüchern alle Nachrichten. Bei Gerber ist ein Componist gleichen Namens erwähnt, doch muss dies ein anderer Künstler sein, da von ihm gesagt wird, dass er um 1660 gelebt habe. (Fétis giebt nur die nackte Uebersetzung des Gerber'schen Citats ohne jeden weitern Zusatz), während der von uns gemeinte Fontana bereits 1630 während der grossen Pestepidemie starb. Dies geht unzweifelhaft aus der Vorrede seines Sonatenwerkes hervor, welches erst 1641, also 11 Jahre nach dem Tode des Autors, durch einen gewissen Giov. Battista Reghino veröffentlicht wurde, der Zeit seiner Entstehung nach aber an dieser Stelle einzureihen ist.

Da diese in ziemlich bombastischem Tone gehaltene Vorrede Alles enthält, was über Fontana in Erfahrung zu bringen war, so möge sie hier wörtlich folgen:

„Il Signor Giambattista Fontana da Brescia è stato uno dei più singolari virtuosi che abbia avuto l'età sua, nel toccare di Violino, e ben si è fatto conoscer tale non solo nella sua patria, ma e in Venezia e in Roma, e finalmente in Padova, dove qual moribondo cigno spiegò più meravigliosa la soavità della sua armonia. Questo virtuoso (che nella voracità del contagio fu trasportato dalla terra al paradiso) conoscendo forse di aver avuto il principio della sua meritata fortuna in

---

richtig bemerkt, dass das Ricercar keineswegs eine streng durchgeführte Fuge war, sondern nur ein fugirter Tonsatz. Die normale Fuge, welche durch Joh. Seb. Bach ihren Culminationspunkt erreichte, gehört einer späteren Zeit an.

questa nostra chiesa di santa Maria delle Grazie, nel morire lasciò la medesima erede di quelle facoltà che co' suoi onorati sudori si aveva acquistato, e raccomandò ai superiori del monasterio quelle fatiche che lasciate in iscritto potevano, date alle stampe, farlo risorgere alla cognizione de' Musici con avvantaggio loro, ed eternarlo così nel mondo come eternamente goderà nel cielo.

I Superiori passati avrebbero con prontezza eseguita la volontà del testatore; ma perchè i manoscritti pativano qualche difficoltà, e per la calamità dei tempi andati non si poteva avere persona che, intelligente della professione, gli mettesse nel chiaro che richiedeva il bisogno per consegnarli allo stampatore, si è differito sino che deposta la carica del Generalato dal Reverendissimo Padre Maestro Antonio Luzzari ed eletto egli al governo di questo Monasterio, mi disse subito che per ogni modo, io che tengo la cura di Maestro di cappella dovessi ritrovare chi ciò facesse, perchè non voleva che restassero più sepolti questi tesori, nè il signor Gio. Battista privo della dovuta lode. E m'aggiunse inoltre che per assicurare quest' opera dalle punture che gli potessero dare i poco amorevoli, non potendo difenderla l'autore, la raccomandassi alla protezione di V. S. Illustriss*., alla quale è raccomandata con tanto suo godimento di quiete la Musica del Vaticano, inchinata da tutte le altre: e che io così avrei provveduto alla sicurezza dell' opera, e nell' istesso tempo dimostrato a V. S. Illustriss*. qualche segno di quella riverenza che ed esso Reverendissimo Priore ed io le professiamo. Ho eseguito il comandamento nella prima parte colla stampa, e adesso m'appresento a V. S. Ill*. per l'esecuzione dell' altra, consacrandole questa fatica, e supplicandola a gradire in essa la virtù dell' Autore, e unitamente la divozione di due umilissimi servitori, che implorando a V. S. Ill*. quelle grandezze, delle quali peranco non possede ella altro che il merito, con profondissimo inchino la riveriscono.

Di Venezia, il primo di Maggio 1641.
      Di V. S. Illustrissima e Reverendissima
         Umilissimo servitore
        Fra Gio:Battista Reghino."

Dieses Werk enthält 18 „Sonaten", von denen die 6 ersten für Violine Solo und Bass sind. Sodann folgen Sonaten zu einer und zu 2 Violinen mit und ohne Fagott, so wie auch eine Sonate zu drei Violinen.

Der Titel ist: „Sonate a 1, 2, 3 per il Violino, o Cornetto, Fagotto, Chitarone, Violoncino o simile altro istromento; del già molto illustre Signor Gio: Battista Fontana, nell' eccellenza di questa professione fra i megliori ottimo. Dedicate all' Ill$^{mo}_{.}$ et R$^{mo}_{.}$ Monsignor Abbte Gio: Maria Roscioli, coppiero di N. S. papa Vrbano VIII. In Venezia MDCXXXXI appresso Bartolomeo Magni."

Die Sonaten Fontana's, von denen wir in den Musikbeilagen unter N. XII und XIII zwei Beispiele geben, zeigen, gegen die gleichnamigen Arbeiten Gabrieli's gehalten, einen neuen Standpunkt der Behandlung. Zwar liegt hier wie dort die strengere oder freiere Handhabung der contrapunktisch imitatorischen Bildweise zu Grunde, welche im eigentlichen Sinne des Worts ja überhaupt das Musikgestalten jener Zeit charakterisirt; aber die Wahl der benutzten Kunstmittel und ihre Anwendung, sowie die formelle Erscheinung ist eine theilweise abweichende, veränderte.

In ersterer Hinsicht ist zu bemerken, dass Fontana, ausschliesslich den zwei und dreistimmigen Satz cultivirend, sich auf die Gattung der Streichinstrumente mit gelegentlicher Hinzufügung des Fagottes als Bassinstrument beschränkt, und dass die Geige als Hauptinstrument entschieden in den Vordergrund gestellt ist. Während bei Marini die erste selbstständige Violincomposition erscheint, giebt Fontana die erste wirkliche Violinsonate [1]).

---

[1]) Bedeutend später als die Violinsonate erscheint die Klaviersonate. Diese wurde erst gegen Ende des 17. Jahrh. in Angriff genommen, wie Kuhnau's und Dom. Scarlatti's dahingehörige Compositionen beweisen (Vergl. Becker's Hausmusik in Deutschland S. 34 f.). Wenigstens sind ältere Beispiele der Klaviersonate bis jetzt nicht bekannt geworden. Hiermit übereinstimmend spricht sich Mattheson in seinem „Neu=eröffneten Orchester" S. 175 (Hamburg 1713) aus: „Sonata ist eine Art Instrumental — insonderheit aber Violinsachen, die in abgewechselten

Betreffs der formellen Anordnung dagegen zeigt sich unverkennbar das Bestreben, den Satzbau innerhalb eines und desselben Stückes zu erweitern. In den von Fontana mitgetheilten Compositionen sind namentlich die ersten Sätze von breiterer und zugleich gedanklich mannichfaltigerer Entwickelung wie bei Gabrieli. Nach beiden vorgenannten Beziehungen hin nähert sich mithin Fontana um einen bedeutungsvollen Schritt der späteren Sonatenform, deren Rudimente bei ihm schon in klareren und einfacheren Umrissen hervortreten. Sein Beispiel fand indessen nicht sofort allgemeine Nachahmung, wie die weitere Darstellung erkennen lassen wird.

Einen wichtigen Fortschritt bekundet Fontana's Violinsatz innerhalb der von Monteverde gesteckten Grenzen. Insbesondere die Figuration ist von reicher Belebung und verschiedenartiger Entfaltung, und überdies von durchaus instrumentaler, wenn auch noch vielfach eckiger, ungelenker Beschaffenheit. Freilich war Glätte, schöner Fluss und Schmiegsamkeit des Ausdrucks nicht sofort vereinbar mit der mühevoll erstrebten Erweiterung und Bereicherung der Technik.

Sehr bezeichnend für die ganz allmälige stufenweise Förderung der letzteren in Composition und Spiel ist der Umstand, dass auch bei Fontana noch ebensowenig eine Benutzung der tiefsten Violinsaite (des G) erfolgt, wie bei den vorhergehenden Tonsetzern. Der Grund davon ist leicht einzusehen. Unter allen vier Saiten auf der Geige ist in der Praxis die tiefste, wie man bei jedem Anfänger wahrnehmen kann, die unbequemste und schwierigste. Einerseits ist die linke Hand der richtigen Applicatur halber zu einer starken, beinahe unnatürlichen und Anfangs vielfache Beschwerde erzeugenden

• Adagio und Allegro bestehet, nunmehr schier etwas zu veralten beginnen will, und von den neuern so genannten Concenten und Suiten ziemlich ausgestochen und hintangesetzet, auf dem vollstimmigen Clavier aber gleichsam von frischen wieder belebet worden ist, wiewohl ein Mann sowohl zu der Composition als Execution solcherhand Sachen gehöret". Freilich konnte Mattheson, als er dieses schrieb, nicht wissen, dass die Violinsonate nach Corelli noch eine bedeutsame Steigerung durch Tartini erfuhr.

Wendung genöthigt. Andererseits setzt die Bogenführung auf dem G eine schon sehr gewandte Armbewegung voraus, deren Erlernung gleichfalls mit grossen Unbequemlichkeiten verbunden ist. Bei der D-Saite ist dies Alles zwar auch, aber doch in geringerem Grade der Fall. Auf der A- und E-Saite werden jedenfalls die Anforderungen der Applicatur und der Bogenführung am leichtesten und daher auch am schnellsten erfüllt. Weshalb es denn erklärlich ist, dass beide letztgenannten Saiten den hauptsächlichsten Tummelplatz zunächst für die Finger der Violinspieler bildeten, womit auch die Compositionen jener Zeit übereinstimmen.

Hier blieb nun ein wichtiger Theil der Geigenbehandlung zu ergänzen. Die Anfänge dazu wurden indess bald nach Fontana und zwar schon in den dreissiger Jahren des 17. Jahrhunderts gemacht.

Bezüglich der rein künstlerischen Wirkung der Fontana'schen Sonaten ist leicht zu erkennen, dass dieselben für den heutigen musikalischen Genuss ebensowenig ergiebig sind, wie alle früheren und zum grössten Theil auch die Instrumentalcompositionen der nächsten Decennien, wenngleich nicht bezweifelt werden darf und soll, dass sich die Zeitgenossen an ihnen als an einem der Idee des Schönen Entgegenstrebenden erfreuten und erhoben.

Einzelnes darin, namentlich die thematische Bildung, ist oft schon melodisch gut gedacht, wohlempfunden und von bestimmtem Gepräge. Aber der Gesammteffekt bleibt trotzdem fast durchgängig noch steif, trocken und studienhaft. Nicht selten hat er in harmonisch modulatorischer Hinsicht etwas Leeres, Dürftiges, offenbar, weil die einzelne Stimme die Aufmerksamkeit der Tonsetzer damals mehr in Anspruch nahm als das Ganze des Zusammenklanges und der leicht noch stillstehenden, stockenden Modulationsentwickelung. Ein freier künstlerischer Geist, belebt durch die Bewegungen der Fantasie, konnte sich freilich nicht entbinden, so lange man mit formeller Gestaltung und Technik nach allen Richtungen zu kämpfen hatte.

Sodann kommt aber noch ein anderes wichtiges Moment

hinzu. Man muss sich bei Betrachtung dieser und der folgenden Tonwerke daran erinnern, dass sie einer Zeit der musikalischen Neubildung angehören, in welcher der Uebergang aus dem alten Tonsystem in das moderne begonnen hatte. Schon fing man an, sich in dem letzteren zu bewegen und doch war der Geist der vorhergehenden Epoche, wie er sich z. B. bei Giov. Gabrieli zeigt, noch bis zu einem gewissen Grade lebendig und nachwirkend. Dieses Sichbewegen zwischen zwei so verschiedenen und gewissermassen einander entgegengesetzten Elementen konnte nicht vortheilhaft auf die künstlerische Gestaltung einwirken und musste vielmehr dem Ausdruck etwas Schwankendes, Unsicheres geben. Daher gewahren wir in den Instrumentalcompositionen dieser und auch der nächstliegenden Zeit öfters eine gewisse Verschwommenheit und Unentschiedenheit des harmonisch Modulatorischen. Die an sich schon so schwierige Aufgabe wurde somit durch den Wechsel des Systems verschärft. Und nun denke man sich dazu das ungewohnte Musikbilden in einer abstrakt idealen Sphäre, ohne jene Haltpunkte, welche der Vokalmusik in dem Worte gegeben waren. Vergegenwärtigt man sich dies Alles, so darf es nicht befremden, wenn der Totaleindruck höheren Anforderungen nicht gerecht wird.

Gleichzeitig mit Fontana trat ein Instrumentalcomponist in die Oeffentlichkeit, der eine ganz ähnliche produktive Thätigkeit äussert, wie der eben genannte Meister, doch aber sich einer abweichenden Bezeichnung für seine Arbeiten bedient. Es war Bartolomeo Mont' Albano, von Geburt ein Bologneser, der einen Wirkungskreis als Capellmeister an der Kirche S. Francesco in Palermo fand [1]). Von ihm ist folgendes Tonwerk bis auf unsre Zeit gekommen: „Sinfonie ad vno e doi violini, a doi e trombone, coñ il partimento per l'organo, con alcune à quattro Viole. Di Bartolomeo Mont' Albano da Bologna, Maestro di cappella in Santo Francesco di Palermo. In Palermo, appresso Gio. Battista Maringo, 1629."

---

[1]) Der Name dieses Mannes ist in keinem der vorhandenen musikalischen Lexica verzeichnet.

Die in diesem Werke enthaltenen Tonsätze, von denen wir ein Beispiel in den Musikbeilagen unter N. XIV geben, sind trotz ihrer künstlerischen Werthlosigkeit für das musikhistorische Studium nicht nur deshalb von Interesse, weil sie zeigen, dass Fontana's neugestaltende Bestrebungen im Instrumentalsatz keine vereinzelte Erscheinung waren, sondern auch, weil aus ihnen hervorgeht, dass man in jener Zeit der vielfach noch schwankenden musikalischen Terminologie, gleichartige Kunstprodukte mit verschiedenen Bezeichnungen versah. Was Fontana „Sonate" nennt, heisst bei Mont' Albano „Sinfonie".

Befragen wir nun Prätorius [1]) über den letzteren Begriff, so erhalten wir folgende Antwort: „Sinfonia; rectius vero Symphonia, wird von den Italiänern dahin verstanden, wenn ein feiner vollständiger Concentus, in Manier einer Toccaten, Pavanen, Gailliarden, oder andern dergleich Harmony mit 4. 5. 6. oder mehr Stimmen, allein vff Instrumenten ohn einige Vocalstimmen zu gebrauchen, componirt wird. Dergleichen Art von ihnen bißweilen im anfang gleich als Praeambulum vff der Orgel, auch offt im mittel der Concert Gesängen per Choros adhibirt vnd gebraucht wird."

An einer andern Stelle seines Syntagma (Thl. III S. 129) ergänzt Prätorius die vorstehende Erläuterung also: „Vnd ob ich gleich bey etlichen Autoribus befinde, daß sie die Wörter Symphonia vnd Ritornello nicht recht unterscheiden: So kan ich doch endlich so viel colligiren, daß Symphonia, einem lieblichen Pavan vnd Gravitätischen Sonaten; Ritornello aber einem mit 3. 4. oder 5. Stimmen auf Geigen, Zinken, Posaunen, Lauten oder andern Instrumenten, gesetzte Gailliard, Saltarellae, Courranten, Volten, oder auch mit semi minimis vnd Fusen gespickten Canzoni nicht vnehnlich, jedoch das sie bis auff 12. 13. 20 Tact lang, lenger aber selten gesetzt werden." Und ferner S. 132: „Sinfoniae, sind gleich den Pavanen vnd Galliarden, deren man in einem Gesange zum anfang vor dem Ersten Theile, vnd nach demselben auch vor vnd nach den andern, auch Dritten Theile, so einer vorhanden, sich ge-

---

1) Syntagma, Thl. III, Abthl. 1 S. 24.

brauchen kan: an statt, daß sonsten der Organist allzeit vorher und darzwischen ein Praeambulum auff der Orgel zu schlagen pflegt. Vnd dergestalt können die Sinfoniae auch nicht so gar vneben Inter medio genennet werden."

Aus diesen vieldeutigen Erklärungen vermögen wir so viel mit Sicherheit zu entnehmen, dass man unter dem Namen „Sinfonia" ebenso wie unter der Bezeichnung „Sonata" mancherlei Verschiedenartiges verstand. In der That wurde zu Anfang des 17. Jahrhunderts und auch später noch für Instrumentalsätze der Name Symphonie gebraucht, die in Charakter und formellem Zuschnitt durchaus abweichend von einander waren. So finden wir z. B. in einem 1623 zu Florenz gedruckten Werke: „Intermedi di Filippo Vitali [1]), fatti per la Commedia degl' Accademici incontanti recitata nel palazzo del Casino dell Illmo e Reo^{mo} S. Cardinale de Medi^{ci} l'Anno MDCXXII", als Introduction einen fünfstimmigen mit „Sinfonia" bezeichneten Instrumentalsatz. Derselbe besteht aus 32 Takten, von denen die ersten 7 im geraden, die übrigen im Tripeltakt geschrieben sind.

Eine andere Beschaffenheit haben die in Biagio Marini's 22. Werk (1655) abgedruckten „Sinfonien" zu 4 Stimmen. Es sind kurze zweitheilige Tonsätze, deren Umfang zwischen 9 und 20 Takten schwankt. Man begreift nicht, welchem speciellen Zwecke sie gedient haben können, denn als selbstständige Musikstücke sind sie zu kurz.

Von noch abweichenderer Physiognomie sind die 1669 gedruckten und als „Symphonien" bezeichneten Tonstücke Uccellini's [2]), welche sich nach Umfang und Inhalt schon

---

1) Filippo Vitali, geb. zu Florenz in der zweiten Hälfte des 16. Jahrhunderts, war Priester und Capellmeister an der Kathedrale seiner Vaterstadt. Später (10. Juni 1631) trat er als Tenorist in die päpstliche Kapelle zu Rom. Ein Verzeichniss seiner mannichfachen Compositionen findet sich bei Fétis.

2) Dom Marco Uccellini war gegen Mitte des 17. Jahrhunderts als Capellmeister in Parma, dann aber in gleicher Eigenschaft am Hofe zu Modena thätig, und schrieb ausser mehreren Instrumentalwerken auch 3 Opern. Das Werk, aus welchem die in den Musikbeilagen ge-

mehr dem ersten Allegro des Sonatensatzes jener Zeit nähern (Vergl. die in den Musikbeilagen enthaltenen Beispiele N. XXIX). Von besonderem Interesse ist die Violinbehandlung in dem zweiten der beiden mitgetheilten Stücke „La gran battaglia" betitelt. Sie zeigt, dass man sich in der zweiten Hälfte des 17. Jahrhunderts bereits auf eine leicht bewegliche, schnell wechselnde Bogenführung verstand, wie solches auch aus den gleichzeitigen Compositionen der deutschen Tonmeister Walther und Biber hervorgeht.

Wiederum etwas durchaus Anderes wie Vitali, Marini und Uccellini verstand unter dem Namen „Sinfonia" der durch sein Miserere insbesondere zu Berühmtheit gelangte Tonmeister Gregorio Allegri, welcher in der ersten Hälfte des 17. Jahrhunderts blühte. In Anathasius Kircher's „Musurgia universalis" (1650) wird von ihm ein Musikstück mit der Ueberschrift „Symphonia pro chelibus omnibus numeris absolutissima à 4. Duoi Violini, Alto & Basso di Viola" gegeben. Wir vermögen in dieser aus drei längeren Sätzen bestehenden Composition, die in den Musikbeilagen unter N. XV mitgetheilt ist, nichts anderes zu erkennen, als eine „Sonate" nach Art der damals üblichen Gestaltungsweise.

Dass man übrigens die Begriffe der Sonate und Sinfonie im 17. Jahrhundert nicht durchaus streng von einander sonderte, wie auch Prätorius in seiner oben citirten Erklärung andeutet, dass man sie vielmehr gelegentlich sogar miteinander confundirte, gleichwie es um die Mitte des 17. Jahrhunderts mit der „Sonate" und der „Canzone" geschah, beweist Bassani's später zu betrachtendes 5. Werk (1683), auf

---

gebenen Beispiele entnommen sind, führt den Titel: „Sinfonie Boscarecie a Violino solo e Basso con l'agiunta di due altri Violini ad libitum, per poter sonare à due, tre, ò a quattro conforme piacerà. Di D. Marco Uccellini, Capo de gl' Instrumentisti del Serenissimo Sig' Duca di Modena. opera ottava. In Anversa presso i Heredi di Pietro Phalesio, al Rè David. 1669." Jedenfalls ist diese Ausgabe ein Nachdruck, und zwar ein unvollständiger, denn im Widerspruch zum Titel, welcher von 3 Violinen spricht, finden sich in ihr nur 2 Violinstimmen nebst dem Bass.

dessen Titel ausdrücklich steht „Sinfonie", während jedes einzelne Stück der Sammlung mit dem Namen „Sonata" bezeichnet ist.

Zu Mont' Albano's Instrumentalsätzen zurückkehrend, die im Hinblick auf die schwankende Bedeutung des Wortes „Symphonie" eben so gut als „Sonaten" bezeichnet werden könnten, haben wir nur noch zu constatiren, dass sie bei sehr schlechter Klangwirkung und zusammenhangsloser Darstellung in gleichem Maasse von einer höchst untergeordneten, ja stümperhaften Erfindungs- und Gestaltungskraft zeugen. In allen Beziehungen stehen sie unbedenklich gegen Fontana's Arbeiten zurück, wie geringfügig auch diese immer in künstlerischer Beziehung erscheinen.

Mehr Bestimmtheit und Entschiedenheit der Faktur, so wie Einfachheit und Deutlichkeit des formellen Zuschnittes, wie im dritten, gewinnt die Instrumentalcomposition schon·im vierten Decennium des 17. Jahrhunderts. Wir ersehen dies aus einer Canzonensammlung von Tarquinio Merula, die dessen neuntes Werk bildet. Das von uns benutzte Exemplar ist vom Jahre 1639 datirt.

Wenn man sich vergegenwärtigt, dass bereits 1633 das zehnte Werk Merula's „Madrigali et altri musiche concertate" veröffentlicht wurde, so erscheint die Annahme gerechtfertigt, die vorliegende Ausgabe des op. 9 vom Jahr 1639 für eine zweite Auflage zu halten, was noch wahrscheinlicher durch den Umstand gemacht wird, dass sie keine, sonst so leicht einer Originalausgabe jener Zeit nicht fehlende Vorrede enthält. Spätestens dürfte also das erste Erscheinen von Merula's op. 9 in's Jahr 1633 zu setzen sein, man müsste denn annehmen wollen, der Componist habe op. 10 vorher veröffentlicht, was doch nichts für sich hat. Der vollständige Titel ist:

„Il secondo libro delle Canzoni da suonare a trè, Duoi Violini & Basso, del Cavalier Tarquinio Merula, maestro di capella in S. Maria Maggiore di Bergamo. Con il Basso generale. Opera nona. Con privilegio. — In Venetia, appresso Alessandro Vincenti. MDCXXXIX.

Den Inhalt bilden 12 Instrumentalsätze, die nicht nur die Bezeichnung „Canzone", sondern auch Eigennamen tragen, wie man schon aus den beiden unter N. XVI und XVII in den Musikbeilagen mitgetheilten Beispielen ersieht. Ueber die Lebensumstände Merula's sind nur wenige und ungenaue Mittheilungen vorhanden. Während Gerber als seinen Geburtsort Bologna angibt, nennt Fétis Bergamo. Beides ist falsch, wie der Titel des ersten 1615 erschienenen Werkes Merula's erweist, auf welchem der Meister sich ausdrücklich als „cremonese", — er war mithin in Cremona geboren, — bezeichnet. Die genannten Schriftsteller haben offenbar von dem ersten Werke Merula's keine Kenntniss gehabt, wie es denn auch in ihren Handbüchern nicht vermerkt ist.

Die Angabe Fétis', Merula sei Mitglied der Philharmonischen Gesellschaft in Bologna gewesen, erscheint sehr zweifelhaft, da dieselbe erst 1666 in's Leben trat, also zu einer Zeit, wo Merula wohl nicht mehr lebte, wie dies aus seinem letzten, 1640, und in zweiter Auflage 1652, erschienenen Werke gefolgert werden darf. Mehr Wahrscheinlichkeit hat die Mittheilung Gerber's für sich, dass der Meister Mitglied der vorher in Bologna bestandenen Gesellschaft „dei filomusi" war.

Sonst berichtet Gerber (was diesem von Fétis nacherzählt wird), dass Merula zunächst Kapellmeister an der Kathedrale und Organist an der Kirche S. Agata in Cremona — also in seiner Vaterstadt — gewesen, und dann in gleicher Eigenschaft an den Dom in Bergamo berufen worden sei.

„Uebrigens", so fügt Gerber hinzu, „sind die Gelehrten wegen seiner Verdienste nicht ganz einig. Burney wenigstens will ihm keinen besonderen Vorzug vor seinen Zeitverwandten einräumen. Dass er indessen nicht ohne Beyfall gearbeitet hat, beweiset die nicht unbeträchtliche Anzahl (es sind im Ganzen 18) seiner gedruckten Werke. Sein Hic, haec, hoc [1])

---

[1] Die Deklination dieses Fürwortes ist ebenso wie das folgende „Qui, quae, quod" in humoristischer Weise zu einem 4stimmigen Gesange benutzt. Beide Stücke befinden sich in dem 1633 erschienenen 10. Werke Merula's.

muss gefallen haben; denn er hat ausser diesem noch ein ander ähnliches fugirtes Madrigal über die Worte: Quis vel qui. Nominativo, qui, quae, quod etc. gemacht, worin er das Stottern der Schulknaben beym Hersagen desselben durch verschiedene Mouvements und durch Wiederholungen nachzuahmen gesucht hat. Als Satyre auf die damals sinnzerstörende Art, mit der die Komponisten den Text unterlegten, meynt Burney, wäre dieser Einfall nicht übel gewesen. Wenn Merula nur in seinen ernsthaften Stücken den Text besser, als seine Zeitverwandten, behandelt hätte. Da dies aber nicht geschehen sey: so läge der Spass blos in der Wahl eines Textes ohne Sinn."

Der Schluss dieser Aeusserung ist nicht ganz logisch, denn es ist sehr wohl denkbar, dass Merula ein anderes Motiv für diese komischen Gesänge gehabt hat, als Burney annimmt. Und selbst das wäre möglich, dass Merula den angedeuteten Mangel der Vokalcomposition persifflirt habe, ohne sonst in seinen Arbeiten sich dem Herkommen zu widersetzen.

Sehr schroff urtheilt Fétis über Merula, indem er von ihm sagt: „Ce maître est un des compositeurs italiens qui ont le plus abusé des formes de mauvais goût du contrepoint conditionnel qui succéda aux belles et nobles formes de l'ancien contrepoint de l'école romaine, dans le commencement du dix-septième siècle".

Dieser absolut hingestellte Ausspruch ist ungerecht weil einseitig. Freilich sind die Arbeiten Merula's wenig anmuthend und unergiebig für den musikalischen Genuss. Aber dies haben mit ihnen die Instrumentalcompositionen der Zeitgenossen gemein, deren Contrapunkt keinen bessern Geschmack verräth. Hätte Fétis des von ihm so hart getadelten Meisters Produktionen im Zusammenhange mit der Entwickelung der Instrumentalmusik jener Tage betrachtet, hätte er sie als nothwendiges Glied in der Kette der dahingehörigen Erscheinungen zu würdigen gewusst, er würde sich nicht so unbedingt abweisend über sie geäussert und namentlich auch nicht auf die „Römische Schule" sich zurückbezogen haben, bei der es sich ausschliesslich um den Vokal- und keineswegs um den Instrumentalsatz handelt. Es ist kein Geheimniss, dass der erstere (indess nicht nur der römischen, sondern auch der venezianischen Schule) gegen den letzteren im Vorsprunge war. Hierbei muss nun aber als ein sehr Wesentliches berücksichtigt werden, dass die Vokalmusik als ältere und durchgebildetere Kunst ein bekanntes, wohlcultivirtes Terrain war, wogegen die Instrumentalmusik sich erst noch im Stadium des Kindesalters befand. Man hat sich bei Beurtheilung der Instrumentalcompositionen aus der ersten Hälfte des 17. Jahrhunderts fortwährend daran zu erinnern, dass sie zur Hauptsache nichts anders sein konnten als das sauer erworbene Resultat technisch formeller Studien. Nach allen Seiten war man bestrebt, den Weg zu bahnen und zu ebnen, ohne im Grunde schon zu wissen, wohin er führen werde. Wie konnte da von fertig glatter und schön gerundeter Faktur die Rede sein! Es handelte sich um ein Werdendes, in erster Entwickelung Begriffenes, um die Gewinnung des künstlerischen Darstellungsvermögens in einer neuen Sphäre. Man stand also nicht über der Materie, sondern war recht eigentlich in ihr befangen.

Dies erwogen, ist nicht zu verkennen, dass Merula's Instrumentalsatz, um den es sich hier für uns handelt, einen Fortschritt dokumentirt. Die Gestaltung hat bei ihm einen sichereren ausgeprägteren Duktus und die in weiten Sprüngen und bis dahin noch nicht angewendeten Octavengängen sich ergebende freiere Behandlung der Tonwerkzeuge, insbesondere aber der Violine, erweitert den Bereich der instrumentalen Technik, mithin auch des Ausdrucksvermögens. Dann auch dehnt er den Umfang der Geige nach der Tiefe zu aus, indem er, was bisher nicht geschah, die G-Saite auf mannichfache Weise benutzt.

Unverkennbar ist dagegen eine gewisse Monotonie und Trockenheit der Gedankenbildung und -entwickelung, die kein' günstiges Vorurtheil für die Erfindungskraft Merula's erweckt, und das was er giebt, mehr gedacht als empfunden erscheinen lässt.

Auffallend darf bei dem durchaus instrumentalen Wesen der in op. 9 enthaltenen Tonstücke die Bezeichnung „Canzone" genannt werden. Wir fanden, dass in der Canzone Gabrieli's und seiner Zeitgenossen ein Vorherrschen melodischer Grundgedanken zu bemerken sei, und glaubten hieraus folgern zu dürfen, dass darin eine Eigenthümlichkeit dieser Gattung liege. Nun treten zwar in Merula's „Canzonen" auch gewisse Grundgedanken hervor, aber sie sind durchaus nicht melodisch im Sinne des Vokalen. Sie sind vielmehr im Gegensatz zu diesem letzteren durchaus instrumental. Es ist offenbar, dass das Wesen der Canzone sich durch den technischen Fortschritt des Instrumentenspiels wesentlich verändert hatte und mehr und mehr zu der Gestaltungsweise jener Tonsätze hinüberneigte, die man bisher „Sonata" nannte. Trotzdem wurde die Bezeichnung „Canzone" von manchen Componisten, wie es scheint, aus hergebrachter Gewohnheit, noch beibehalten. Dass ein thatsächlicher Unterschied zwischen dem Wesen der „Canzone" und der „Sonate" wie vorher, demnächst nicht mehr bestand, dass also, so zu sagen, eine Verschmelzung beider Arten sich vollzog, beweisen die Instrumentalcompositionen des von uns schon genannten Meisters der venezianischen Schule, Namens Neri, welcher um die Mitte des 17, Jahrhunderts blühte. Dies hat schon Winterfeld richtig erkannt. Er sagt in seinem bereits mehrfach citirten Werk über Giov. Gabrieli (Th. 2 S. 111): „Um die Jahre 1644 und 1651, bedient sich Massimiliano Neri der Ausdrücke Sonata und Canzone bereits ohne allen Unterschied; beides bedeutet ihm dasjenige, was Gabrieli unter der Benennung Canzone verstand."

Ueber Neri ist weiter nichts bekannt, als dass er am 18. December 1644 zum ersten Organisten an S. Marco in Venedig ernannt wurde, und dass er diese Stellung 1664 verliess, um einem Rufe als Organist an den Hof des Churfürsten von Cöln Folge zu leisten. Er veröffentlichte zwei Instrumentalwerke, nämlich:

1. „Sonate e Canzone a quattro da sonarsi con diversi stromenti in chiesa & camera, con alcune Correnti pure a quattro, che si ponno sonare a trè, e a due ancora, lasciando

fuori le parti di mezzo. Opera prima di Massimiliano Neri degli accademici & & consecrata all Illmo & Ecc^{mo} Sig^{re} il Sig^{re} Giacomo Soranzo, fa dell' Illmo & Ecc^{mo} Sig^{re} Giovanni, Procurator e Cavalier. In Venezia 1644. Appresso Bartolomeo Magni", und 2. „Sonate da suonarsi con varij stromenti: a tre sino a dodici: opera seconda di Massimiliano Neri, organista della Serenissima Republica di Venezia, degli accademici erranti di Brescia l'Afficato. Consecrata alla Sacra Cesare Real Maestà di Ferdinando terzo. In Venezia 1651. Stampa del Gardano. Appresso Francesco Magni."

Aus beiden Werken geben wir in den Musikbeilagen unter N. XVIII—XX Proben. Augenscheinlich knüpft Neri in doppelter Beziehung an die Instrumentalcompositionen Giov. Gabrieli's an. Einmal reproducirt er, wenn auch nur in einzelnen Fällen, die Vielstimmigkeit des Satzes seines grossen Amtsvorgängers: es wurde bereits früher bemerkt, dass sich in seinem Sonatenwerk vom Jahre 1651 eine zwölfstimmige „Sonate" für 2 Cornette, 4 Posaunen, 1 Fagott, 2 Violinen, 2 Violen und 1 Tiorbe oder Viola (di Basso) befindet.

Sodann kehrt bei ihm auch die Vielgliedrigkeit, d. h. der häufigere Wechsel von Maass und Bewegung wieder, wie es bei Gabrieli zu beobachten war.

Vergleichen wir die beiden mitgetheilten Tonstücke (N. XVIII u. XIX) miteinander, von denen das eine als „Canzone", das andere als „Sonate" bezeichnet ist, so offenbart sich kein wesentlicher Unterschied der Bildweise. Also auch hier wurde, wie schon bei Merula, der Name „Canzone" gebraucht, nicht um eine besondere Darstellungsform zu bezeichnen, sondern, wie es scheint, um dem Herkommen gerecht zu werden. Dass die Vielgliedrigkeit des Satzes kein charakteristisches Kennzeichen für die „Canzone" war, beweist die mitgetheilte „Sonate" Neri's, welche sogar eine noch grössere Zahl von Theilen enthält, wie die vorhergehende „Canzone".

Nach Neri, also von der Mitte des 17. Jahrhunderts ab, verschwindet nun fast gänzlich das Wort „Canzone" aus der Instrumentalcomposition und der Name „Sonata" wird allgemein herrschend.

Als Musikstücke an sich betrachtet, erweisen die Arbeiten Neri's einen merklichen Fortschritt gegen Fontana und Merula. Das Satzgefüge wird normaler, die Modulation flüssiger, geschmeidiger und die Figurationsentwickelung schlanker, behender. Auch die Gesammtwirkung ist eine befriedigendere. Die Geigenbehandlung lässt dagegen keinen neuen Standpunkt erkennen. Die nähere Bestimmung und Ausgestaltung dieser Seite des Instrumentalsatzes blieb, wie man mit Grund annehmen darf, auch wohl vorzugsweise denjenigen Tonsetzern vorbehalten, welche selbst Violinspieler waren. Sie hatten an erster Stelle die Befähigung, durch praktische Versuche die Spielarten des von ihnen geübten Instrumentes zu erweitern und zu bereichern.

Dies wird zunächst durch die späteren Compositionen des schon früher genannten Meisters Biagio Marini bestätigt, von denen wir zwei „Sonaten" aus dem Jahr 1655 (N. XXI u. XXII der Musikbeilagen) mittheilen. Violinpassagen wie in der ersten derselben kommen in den Arbeiten der bisher betrachteten Autoren noch nicht vor.

Beide Sonaten sind folgendem Werke entnommen:

„Per ogni d'Stromento musicale diversi generi di Sonate, da Chiesa, e da Camera, a due, tré & a quattro. Con l'Alfabeto alle più proprie, per la Chitarra alla Spagnola a benplacito. Libro terzo. Opera XXII. Consacrata al Ser^{mo} Ferdinando Maria Elettore del S. R. Imp. Conte palatino del Reno, Duca di Baviera &&c. dal Cavalier Biagio Marini. In Venetia MDCLV. Apresso Francesco Magni. A."

Der Inhalt besteht aus 4 Balletten, 4 Zarabanden, 4 Correnten und 6 Sinfonien, sämmtlich zu 3 und 4 Stimmen; ausserdem enthält die Sammlung 3 Sonaten für zwei Violinen und Bass, 1 Sonate für 1 Violine und Bass, 1 desgl. für 3 Violinen, 1 desgl. für 2 Violinen, Viola und Bass, und schliesslich eine Passacaglia à 4 & a trè „tralasciando la Viola."

Hinsichtlich der formellen Gestaltung schliesst sich Marini in diesen „Sonaten" dem Vorbilde Fontana's und Merula's an. Er geht nicht über den vierstimmigen Satz hinaus und beschränkt sich ausserdem auch meist auf 3—4 Theile. Den

Anfang macht in der Regel ein langsamer Satz; sodann folgt ein Allegro, diesem wiederum ein längeres langsames Stück, welches zu einem zweiten Allegro hinüberleitet. Hiervon giebt es indessen auch Ausnahmen. Bisweilen besteht die zweite Hälfte der Sonate bei Marini noch ähnlich wie bei Gabrieli und Neri aus der Vereinigung mehrerer längerer oder kürzerer Theile in wechselnder Taktart. Häufig fehlt jede Andeutung über das Tempo. In solchen Fällen bieten Charakter und Satzweise die einzigen Haltpunkte für die einzuhaltende Bewegung. Ueberwiegend ist jedoch bei Marini der 3- und 4-theilige Sonatensatz, welcher in weiterer Durchbildung demnächst auch allgemein herrschend wurde. Wir erkennen in dieser Anordnung der Instrumentalcomposition die Vorläufer der Violinsonate, des Streichtrios und des Streichquartetts. Die beiden letzteren Arten beruhen auf derselben Formgebung wie die Sonate selbst. Es ist wichtig zu bemerken, dass alle drei Gattungen der Kammermusik, fast gleichzeitig in Angriff genommen, ein und denselben Ursprung haben, so wie, dass die Hauptträger ihrer Entwickelung die Streichinstrumente mit besonderer Bevorzugung der Violine sind.

Sehr deutlich tritt in Marini's Sonaten eine bestimmtere, methodisch behandelte Durchführung von Motiven im Wege der contrapunktisch imitatorischen Combination innerhalb der einzelnen Sätze hervor, die aber untereinander keine Beziehung haben, sondern vollständig getrennt und in gegensätzlichen Charakteren voneinander gehalten werden. Hiermit begann die Zeit einer geregelteren thematischen Durchführung und zugleich einer einheitlicheren inneren Durchbildung des einzelnen Theiles der Sonate. Beachtenswerth ist, wie schon bei Massimiliano Neri die principielle Unterscheidung zwischen der „Sonata da Chiesa" und der „Sonata da camera", die fortan beibehalten wurde. Die erstere beider Arten war, wie der Name besagt, wenn auch vielleicht nicht ausschliesslich, so doch in erster Linie dem Dienst der Kirche gewidmet.

Der katholische Clerus, stets darauf bedacht, den religiösen Cultus durch schickliche Anwendung geistig und sinnlich schön wirkender Elemente zu schmücken und zu bereichern, machte demselben in wohlintentionirter Weise die Künste unterthan. Architektur, Skulptur, Musivarbeit und Malerei aller Art waren der Kirche von jeher mehr oder minder tributpflichtig. In gleichem Sinne wurde die Tonkunst, zunächst natürlich die Vokalmusik, zur Vervollständigung und Steigerung des kirchlichen Ceremoniells herbeigezogen, und als die Instrumentalmusik ein selbstständig eigenthümliches ideelles Tonleben zu äussern begann, fügte man sie gleichfalls dem musikalischen Theile des Rituale mit besonderer Berücksichtigung der Violine hinzu. Fand auch die letztere Anfangs, wie wir sahen, nur erst gelegentliche Verwendung, und stand sie dabei zu dem Ganzen nicht sowohl in einem dominirenden als vielmehr in einem coordinirten Verhältniss, so trat sie vermöge ihrer alsbald erkannten und von Tonsetzern wie Spielern allmählig ausgebeuteten glänzenden Eigenschaften weiterhin entschieden in den Vordergrund der kirchlichen Musikpflege. Schon zu Anfang des 17. Jahrhunderts erscheint sie neben den Zinken (cornetti) als Führerin der Streichinstrumente in den Gabrieli'schen Instrumentalsätzen, welche wohl die Bestimmung hatten, während der Messfeierlichkeit im Offertorium — wahrscheinlich an Stelle der bisher gebräuchlichen Toccata — aufgeführt zu werden. Solche Instrumentalsätze, welche zuerst als „Canzone" oder einfach als „Sonate" bezeichnet wurden, erhielten um oder gegen die Mitte des 17. Jahrhunderts den Namen „Sonata da Chiesa".

War die katholische Kirche durch eine gränzenlose Ausbeutung der bildenden Künste gewissermassen einem Museum vergleichbar, so erinnerte sie nun in musikalischer Beziehung an einen Concertsaal, — ein Verhältniss, das in Italien auch später fortbestand, neuerdings aber leider nicht selten in Folge der meist mittelmässigen Aufführung profaner und profanster Musik in gefühlsverletzender Weise gehandhabt wird.

Mit Einführung der „Kirchensonate" in die gottesdienstliche Handlung war ein nicht zu verkennender bedeutender Gewinn sowohl für die Künstler wie für das Publikum verbunden. Die ersteren fanden erwünschten Anlass, ihre Kräfte auch nach dieser speciellen Seite der Musikübung in öffentlichen von allen Ständen zahlreich besuchten Versammlungen zu entfalten; das letztere genoss in unbeschränktem Maasse des unschätzbaren Vortheils, Kenntniss und Geschmack in einem neuen Musikgebiete heranzubilden, und die solchergestalt popularisirte Kunst des Violinspiels drang auf diesem Wege in immer weitere Kreise ein. Ueberdies wurde die Empfänglichkeit für eine von der Kirche geforderte würde- und stylvolle Behandlung der Geige bei Fachmännern und Liebhabern erhöht und gesteigert, wodurch dann gleichzeitig ihre Handhabung auch in der Haus- und Kammermusik im Sinne einer Veredelung gewann.

Hier war natürlich, im Gegensatz zur Kirche, die Cultivirung der weltlichen Tonkunst, und so weit es den Instrumentalsatz betraf, insbesondere der Tanzmusik, überwiegend. Diese erschien im Verlaufe der Zeit untermischt mit sogenannten Arien, Balletten und dergleichen mehr, oder auch allein in frei zusammengestellten Sammlungen, doch ohne besondere Betitelung. Sobald aber der Terminus „Sonata da Chiesa" gebräuchlich worden war, schritt man auch zu einer besonderen Bezeichnung für Sammlungen weltlicher Instrumentalstücke vor, welche unter dem Namen „Sonata da Camera" begriffen wurden. Nicht selten finden sich um die Mitte des 17. Jahrhunderts beide Arten, sowohl die Kirchensonate wie die Kammersonate in einem und demselben Werk beisammen, wie dies beispielsweise das Inhaltsverzeichniss des vorgenannten 22. Werkes Marini's zeigt.

Die Bezeichnung „Sonata da Camera" ist mit dem französischen Ausdruck „Suite" gleichbedeutend. Dass der letztere indessen in Frankreich keinesweges allgemein gebräuchlich war, — selbst im 18. Jahrhundert nicht — ersehen wir aus Sebastian Brossard's Musiklexicon (Paris 1703 und 1705), so wie aus dem „Dictionnaire de Musique" von J. J. Rousseau (Paris 1767).

Bei Brossard, der eine weitläufige Erklärung über beide Arten der Sonate giebt, welche wir vollständig folgen lassen, um zugleich zu zeigen, was man Anfangs des 18. Jahrhunderts unter diesem Ausdruck verstand, heisst es: „Suonata. au plur. Suonate. C'est ainsi que les Italiens écrivent communément ce mot, cependant on le trouve aussi souvent sans u, ainsi Sonata. C'est ce que les François commençent à traduire par le mot Sonate, non pas de masculin genre comme font plusieurs, (car il est du dernier ridicule de dire par exemple, voilà un beau Sonate.) mais de féminin genre. Ce mot vient de Suono ou Souonare, parce que c'est uniquement par le Son des Instrumens qu'on exécute ces sortes de pièces, qui sont à l'égard de toutes sortes d'Instrumens ce que la Cantate est à l'égard des Voix. C'est à dire que les Sonates sont proprement de grandes pièces, Fantaisies, ou Préludes, &c. variées de toutes sortes de mouvemens & d'expressions, d'accords recherchéz ou extraordinaires, de Fugues simples ou doubles, &c.&. tout cela purement selon la fantaisie du Compositeur, qui sans être assujetti qu'aux règles générales du Contrepoint, n'y a aucun nombre fixe ou espèce particulière de mesure, donne l'essort au feu de son génie, change de mesure & de Mode quand il le juge à propos, &c. On en trouve a 1. 2. 3. 4. 5. 6. 7 & 8 Parties, mais ordinairement elles sont à Violon seul ou à deux Violons différens avec une Basse-Continuë pour le Clavessin & souvent une Basse plus figurée pour la Violle. de Gambe, le Fagot, &c. Il y en a pour ainsi dire, d'une infinité de manières, mais les Italiens les reduisent ordinairement sous deux genres."

„Le premier comprend les Sonates da Chiesa, c'est à dire, propres pour l'Eglise, qui commençent ordinairement par un mouvement grave & majestueux, proportionné à la dignité & sainteté du lieu; ensuite duquel on prend quelque Fugue [1]) gaye & animée, &c. Ce sont-là proprement ce qu'on apelle Sonates."

„Le second genre comprend les Sonates qu'ils apellent da Camera, c'est à dire, propres pour la Chambre. Ce sont proprement des suites de plusieurs petites pièces propres à faire danser, & composées sur le même Mode ou Ton. Ces

---

1) Fugen im eigentlichen Sinne des Wortes sind es eben nicht, wie schon früher bemerkt wurde, sondern nur fugenartige Sätze.

sortes de Sonates se commencent ordinairement par un Prélude, ou petite Sonate qui sert comme de préparation à toutes les autres; Après viennent l'Allemande, la Pavane, la Courante, & autres danses ou Airs sérieux, ensuite viennent les Gigues, les Passacailles, les Gavottes, les Menuets, les Chacones, & autres Airs gays, & tout cela composé sur le même Ton ou Mode & joué de suite, compose une Sonate da Camera."
Die Amsterdamer Ausgabe dieses Lexicons von Brossard (Troisième Edition) ohne Jahreszahl, hat unter dem Artikel „Suonata" folgenden Zusatz: „La sonate contient ordinairement une suite de 4, 5 ou 6 mouvemens, le plus souvent sur un même ton; quoi qu'on en trouve quelques unes qui changent de Ton à un ou deux des mouvemens de la pieçe, mais on reprend le premier ton & on compose du moins un mouvement dessus avant de finir. La sonate da Chiesa se distingue de celle qu'on nomme da Camera, ou Balletti, en ce que les mouvemens de celles da chiesa sont des Adagio, des largo &c. mêles de fugues qui en font les Allegro au lieu que les mouvements de celles da Camera, sont composez, après les Adagio, d'airs d'un mouvement règlé, comme une Allemande, une Courante, un Sarabande & une gigue, ou bien après un Prélude, une Allemande, un Adagio, une gavotte, un bourée, ou un Menuet. Voyez pour modèle les ouvrages de Corelli."

Soweit Brossard. — Rousseau in seinem „Dictionnaire de Musique" führt den Namen „Suite" auf, verweist aber hinsichtlich der Erklärung auf den Artikel „Sonate". Er sagt: „Il y a plusieurs sortes de Sonates les réduisent à deux espèces principales. L'une qu'ils appellent Sonate da Camera, Sonates de Chambre, lesquelles sont composées de plusieurs Airs familiers ou à danser, tels à-peu-près que ces recueils qu'on appelle en France des Suites. L'autre espèce est appellée Sonate da Chiesa, Sonates d'Église, dans la composition desquelles il doit entrer plus de recherche, de travail, d'Harmonie, & des Chants plus convenables à la dignité du lieu. De quelque espèce que soient les Sonates, elles commencent d'ordinaire par un Adagio, &, après avoir passé par deux ou trois mouvemens différens, finissent par un Allegro ou un Presto."

Bei beiden Schriftstellern ist im Gegensatz zur „Sonata da Chiesa" immer nur von der „Sonata da Camera" die Rede. Rousseau sagt bloss einfach, dass man die letztere in Frankreich Suite nannte. Dagegen ist zu bemerken, dass sich auf den Titeln der einschlagenden französischen Musikliteratur des 18. Jahrhunderts, so weit sie uns bekannt geworden, fast immer nur der Name Sonate findet.

Auffallend ist es, dass weder Brossard noch Rousseau der Uebertragung der Kirchensonate auf die Kammersonate Erwähnung thut, welche gegen Ende des 17. Jahrhunderts, wie wir sehen werden, in einzelnen Fällen unternommen und in der ersten Hälfte des 18. Jahrhunderts adoptirt wurde.

Im Uebrigen sind die Erklärungen beider Autoren betreffs des Unterschiedes zwischen der Kirchen- und Kammersonate zur Hauptsache richtig. Die erstere Gattung, aus Tonstücken freier Erfindung in wechselnder Bewegung und Taktart bestehend, war ihrer Bestimmung gemäss, die gottesdienstliche Handlung verherrlichen zu helfen, von feierlich ernstem, würdevoll gehaltenem Charakter. Im Zusammenhange damit steht die in ihr vorzugsweise zur Anwendung gebrachte strengere contrapunktische Gestaltungsweise, welche vereint mit der hier geoffenbarten musikalischen Idealrichtung den Ausgangspunkt für das höher stylisirte Tonschaffen der Folgezeit im Gebiete des Instrumentalen bildet. Als Gegensatz hierzu erscheint die Kammersonate mit ihren Balletten, sogenannten Arien und verschiedenartigen Tanzformen, sowohl hinsichtlich des Ausdruckes wie auch der Arbeit, von leichterem, weltlicherem Gepräge, obschon der Grundzug des jene Zeit durchaus beherrschenden kirchlichen Pathos ihr keineswegs fehlte.

Die Folge der Musikstücke in der Kammersonate war eben so wenig fest bestimmt, wie in der Kirchensonate. Allerdings wurde, nachdem es einmal eine „Sonata da Camera" gab, also von der zweiten Hälfte des 17. Jahrhunderts ab, im Allgemeinen eine gewisse Ordnung in der Reihenfolge der einzelnen Tonsätze beobachtet, während vorher hierin, wie es scheint, völlige Freiheit herrschte. Aber selbst diese Ordnung war doch keineswegs ein für allemal durchaus feststehend; hauptsächlich mochte wohl, wie es scheint, gleichwie bei der Kirchensonate, auf einen angemessenen Wechsel von Stücken in schnellerer und langsamerer Bewegung oder in verschiedener Taktart gesehen werden, wodurch sich denn ein Turnus allmählig heranbildete, der mit mancherlei Modificationen beibehalten wurde.

Eine ähnliche Bedeutung wie Massimiliano Neri hat für die Instrumentalmusik des 17. Jahrhunderts Giovanni Legrenzi, der an den genannten Meister schon durch die noch nicht ganz aufgegebene Vielgliedrigkeit des Satzes erinnert. Aber während Neri einen Theil seiner Compositionen noch als „Canzone" bezeichnet, gebraucht Legrenzi ausschliesslich nur den Namen „Sonata" für seine Gebilde. Die in den Werken Gabrieli's und Neri's beobachtete Vielstimmigkeit findet sich nicht bei Legrenzi. In den meisten Fällen sind ihm 3—4 Instrumente genügend zum Ausdruck seiner Gedanken und nur ausnahmsweise steigert er die Zahl derselben auf 6—7. Im Uebrigen möchte das Darstellungsvermögen Neri's und Legrenzi's so ziemlich sich die Waage halten, nur dass Legrenzi durch freiere, gewandtere Beherrschung des harmonisch Modulatorischen seinen Zeitgenossen überragt. Wir verweisen auf die unter N. XXIII in den Musikbeilagen enthaltene Sonate, in der das schon modern anklingende chromatische Element mit überraschender Sicherheit gehandhabt wird.

Die Werke, aus denen die beiden von uns mitgetheilten Sonaten entnommen sind, tragen folgende Titel:

1) „Sonate a 2 & 3 di Giovanni Legrenzi primo organista in S. Maria maggiore di Bergamo & accademico eccitato. Dedicate all Illmo & Ecc^{mo} Signore Marchese Gio. Carlo Savorgnano, podestà di Bergamo, signore de' castelli di Pinzano, Buia, Flagogna, Fulgaria, Predemano, Luino, Fornelli &ct. Libro primo. Opera seconda. Stampa del Gardano. In Venezia 1655. Appresso Francesco Magni," und

2) „Sonate a 3, 5 & 6 stromenti di D. Gio. Legrenzi, maestro di Capella dell' Illustrissima accademia dello spirito

santo di Ferrara, consecrate al nome dell Illmo & Ecc^{mo} Signor
Antonio Basadona. Libro 3. Opera ottava. Venezia 1663.
Apresso Francesco Magni."

Legrenzi gab später noch mehrere Instrumentalwerke [1] —
das letzte derselben, Suonate da chiesa e da camera, erschien
1693 — heraus. Doch wurden dieselben durch andere Tonsetzer, welche inzwischen auftraten und den weiteren Entwickelungsgang der Instrumentalcomposition bestimmten, in
den Hintergrund gedrängt.

Nichts desto weniger behauptet dieser Künstler durch
seine Meisterschaft im Satze um die Mitte des 17. Jahrhunderts eine einflussreiche Stellung, die sich insbesondere auch
auf die Vokalcomposition — den eigentlichen Schwerpunkt
seines Schaffens — bezieht. Veröffentlicht wurden von ihm
9 Kirchenwerke und 17 Opern.

Aber auch durch seine amtliche Stellung nahm Legrenzi
einen hervorragenden Rang unter seinen Zeitgenossen ein.
Nachdem er in Bergamo das Organistenamt bei der Kirche
S. Maria Maggiore versehen, wurde er nach Ferrara zur Bekleidung des Kapellmeisterpostens bei der Kirche dello Spirito
Santo berufen. Dann übertrug man ihm die Leitung der
Venezianischen Musikschule dei Mendicanti und späterhin (23.
April 1685) auch die Funktion als Dirigent der Capelle bei
S. Marco, deren Vergrösserung er bewirkte. Er starb im
Juli 1690. Unter seinen Schülern befinden sich die glänzenden Namen Caldara's und Lotti's.

Obwohl Legrenzi in Clusone bei Bergamo (angeblich
gegen 1625) geboren war, so darf man ihn doch im Hinblick
auf seine Wirksamkeit in der Dogenstadt zu den Tonmeistern
der Venezianischen Schule rechnen. Hatte diese seit Gabrieli
und bis zur Mitte des 17. Jahrhunderts eine besondere Wichtigkeit für die Instrumentalmusik behauptet, so trat infolge
einer hingebenden und tief eingreifenden Pflege dieses Kunst-

---

[1] Wir theilen in den Musikbeilagen von ihm unter N. XXX noch
eine dritte Sonate aus dem Jahr 1671 mit, die eine flüssige gewandte
Darstellung bei freilich geringem musikalischen Gehalt zeigt.

gebietes bald nach Mitte des genannten Säculums Bologna, die in Wissenschaften und Künsten seit lange hochangesehene und berühmte Romagnolische Hauptstadt, tonangebend in den Vordergrund. Die dort um die bezeichnete Zeit entweder vorübergehend oder auch dauernd wirkenden Tonmeister waren es hauptsächlich, welche zunächst den Instrumentalsatz, insbesondere aber Violincomposition und Violinspiel weiter förderten. Denn alles dies stand, wie bisher, so auch ferner in engster Beziehung und Wechselwirkung. Fast ausschliesslich wird die „Sonate" von nun an nur durch die Violine in Verbindung mit Bratsche und Bass — letztere in der Kirchensonate verstärkt und ergänzt durch die Orgel — dargestellt, während vorher nicht selten die Wahl zwischen Geigen und Zinken freigestellt war, auch wohl hin und wieder einzelne andere Blasinstrumente zur Mitwirkung herangezogen wurden.

Bologna bot zur Förderung des Instrumentalen insofern ein sehr günstiges Terrain dar, als dort die Vokalmusik, in welcher Venedig für ganz Oberitalien die Herrschaft an sich gebracht hatte und fortdauernd behauptete, nur in secundärer Weise betrieben wurde, mithin die Hauptkraft anderweit verwerthet werden konnte. Und welche Schätzung auch dasjenige beanspruchen darf, was an anderen oberitalischen Orten, wie z. B. in Florenz, Modena u. s. w. für die Instrumentalmusik geschah, — Bologna schwang sich zeitweilig zu einer Metropole in diesem Gebiete empor. Diese Bedeutung bewahrte sich die Stadt in einem allgemeineren musikalischen Sinne bis tief ins 18. Jahrhundert hinein, nicht allein durch die „Accademia de Filarmonici", deren Mitgliedschaft als besondere Auszeichnung galt, sondern auch durch die Persönlichkeit des hochberühmten, seiner Zeit allgemein gefeierten Musikgelehrten Padre Martini (geb. 1706, gest. 1784).

Um einen annähernden Begriff von dem ehemals so bedeutsamen geistigen Leben und Treiben Bologna's zu erhalten, hat man sich zu vergegenwärtigen, dass dort, ganz abgesehen von der altehrwürdigen Universität, im Laufe der Zeit mehr denn 50 Kunstakademien aller Art ins Leben gerufen wurden [1]). Drei davon, im Laufe des 17. Jahrhunderts gestiftete, waren speciell für die Tonkunst bestimmt. Die Geschichte derselben ist in kurzen Zügen folgende:

Gegen 1615 gründete der Tonsetzer und Olivetanermönch D. Adriano Banchieri, dessen Canzonen uns schon beschäftigten, im Kloster S. Michele in Bosco (jetzt königl. Residenz) bei Bologna die „Accademia de' Floridi" für musikalische Zwecke. Als Sinnbild führte sie eine Blumenvase mit dem Motto: „Semper florebit". Im Jahr 1622 wurde diese Akademie nach Bologna in das Haus des D. Girolamo Giaccobbi verlegt, der als Capellmeister bei S. Petronio von 1604—1630 im Dienste war. Durch diese Dislocirung erhielt die Akademie, zu deren Protektorin man die h. Catharina (von Bologna) erwählte, den Beinamen „de Filomusi". Das Emblem bildete ein Rohrbündel mit der Umschrift: „Vocis dulcedine captant".

Wenige Jahre später, und zwar 1633, kam eine zweite Musikakademie „de Filaschisi" unter Leitung der Bologneser Domenico Brunetti und Francesco Bertacchi zu Stande. Ihr Symbol war die Cither David's mit der Devise: „Orbem demulcet attactu".

Als drittes gleichartiges Institut entstand endlich 1666 die bereits früher genannte und noch gegenwärtig existirende

---

[1]) Diese und die folgenden Angaben sind den Mittheilungen entnommen, welche der Padre Martini über die Bologneser Musikakademien in dem „Diario bolognese" vom Jahr 1776 machte. Die einleitenden Worte heissen dort: „La Città di Bologna, da rimotissimi tempi riconosciuta la Maestra delle Scienze, si rese celebre anche nel coltivare le belle Arti, lo che rilevasi dall' essere nel giro di quasi tre Secoli in essa state fondate da più di 50 Accademie per sempre più promovere lo studio, o l'esercizio di esse belle Arti. Fra queste si distinse la Musica, il che vien comprovato dall' essere in questa Citta su'l principio, e nel corso del Secolo XVII. state instituite quattro Accademie di Musica dalle quali uscirono uomini di gran valore, la fama de' quali si sparse per tutta l'Europa." Martini spricht von 4 Musikakademien Bologna's, während es deren, genau genommen, doch nur drei waren. Denn die zuerst gegründete „Accademia de' Floridi" wechselte mit ihrer Verlegung von S. Michele in Bosco nach Bologna nur den Namen, wie die obige Darstellung ergibt.

„Accademia de' Filarmonici". Sie wurde von dem Bologneser Edelmann Vincenzio Maria Carrati in dessen eigener Behausung eingerichtet, hatte den h. Antonius von Padua zum Protektor, und war reichlich mit allen Arten von Blas- und Streichinstrumenten versehen, deren man für die praktischen Uebungen der Akademiker bedurfte, welche sich allwöchentlich versammelten, um ihre Compositionen hören zu lassen. Der Stifter vermachte der Akademie testamentarisch ein gewisses Einkommen zur Bestreitung der Kosten für die Jahresfeier des h. Antonius von Padua und für die Aufführung eines Requiems zum Gedächtniss der verstorbenen Akademiker. Ruf und Ansehen dieser Philharmonischen Akademie waren bald so gross, dass die beiden vorgenannten Anstalten in dieselbe aufgingen.

Ausser den Musikakademien wurde in Bologna die Tonkunst in besonders hervorragender Weise durch die Hauptkirche S. Petronio gefördert, welche einen Sängerchor so wie ein Orchester für die gottesdienstliche Funktion, ähnlich wie in S. Marco zu Venedig, unterhielt. Die Leitung befand sich in den Händen bewährter Künstler, die sämmtlich zugleich Mitglieder der Philharmonischen Akademie waren, wie. denn seit dem Jahre 1749, infolge einer Bulle des Papstes Benedict XIV. nur solche Musiker als Kapellmeister bei S. Petronio und den übrigen Kirchen Bologna's angestellt werden durften, welche die Ehre der Mitgliedschaft in genanntem Kunstinstitut genossen [1]).

Unter diesen Meistern, so wie unter den Orchestermitgliedern bei S. Petronio sind nun eben vorzugsweise die Männer zu suchen, welche durch ihre produktive Thätigkeit die Instrumentalmusik in der zweiten Hälfte des 17. Jahrhunderts wesentlich vorwärts brachten. Sie erhoben dieselbe mit besonderer Beziehung auf die „Sonate" bis zu jener Stufe, welche die Basis für Corelli's späteres Wirken bildete. Hierbei ist jedoch, einzelne Ausnahmen abgerechnet, ebensowenig wie vorher, an eine von dem Schulzwange befreite schöngeistige

---

1) Vergl. Jahn's Mozart (Aufl. 2) Bd. 1. S. 126.

Produktion zu denken. In der Hauptsache handelte es sich zunächst immer nur um die Förderung technisch formeller Zwecke, um die Bereicherung, Einordnung und specielle Feststellung aller einschlagenden Gestaltungsmittel. Was von Vorgängern oft nur versuchs- und andeutungsweise hingestellt worden, musste geprüft, und wenn verwerthbar, unter Anwendung detaillirter Darstellungsmittel, wie Stricharten, Vortragszeichen u. s. w. geläutert und erweitert werden. Die thematisch melodische Führung forderte zu fliessenderer, das harmonisch modulatorische Element zu schmiegsamerer, volltönenderer, das rhythmische Wesen zu wechselreicherer Behandlung auf. Die Bildung der Perioden und ihre mannichfaltige Verknüpfung miteinander zu weiter ausgeführten Sätzen trieb sodann zu gewählterer künstlerischer Anordnung, der Art, dass alle Theile unter einander und zum Ganzen in ein mehr symmetrisches Verhältniss traten. Endlich war nicht allein eine gereinigtere Stimmenführung, sondern auch eine befriedigendere Totalwirkung anzustreben. Die erstere zeigte bisher öfters übelklingende Tonfolgen in sogenannten Querständen, so wie in mannichfachen bedenklichen Intervallfortschreitungen, gegen welche man bei weiterer Entwickelung des polyphonen Satzes offenbar nach und nach empfindlich wurde, weil man sich sonst ihre allmählige Beseitigung nicht hätte angelegen sein lassen. Die letztere musste nothwendig grössere Berücksichtigung finden, nachdem man nicht nur, wie früher, vorzugsweise sein Augenmerk auf die Gestaltung der einzelnen Stimme, sondern in gleichem Maasse auf ein befriedigenderes Ensemble gerichtet hatte.

Dieses Ensemble wurde in seinem Totaleffekt des Näheren noch durch die Wahl der Tonwerkzeuge bestimmt. Während man bisher für die mehrstimmige Instrumentalcomposition häufig neben Saiten- auch Blasinstrumente benutzte, und sogar mitunter die Wahl zwischen beiden, namentlich in Besetzung der Oberstimme völlig frei stellte, tritt von nun ab hauptsächlich die Familie der Streichinstrumente in den Vordergrund, womit man ein gleichmässig übereinstimmendes Colorit des Klangkörpers gewonnen hatte. Die Cornetti (Zinken) verschwinden, und an ihre Stelle tritt ausschliesslich die Violine, welche dadurch eine noch allgemeinere, hingebendere Berücksichtigung finden musste. Zugleich begann mit dieser Normirung in Anwendung der Tonwerkzeuge eine künstlerisch methodische Durchbildung des Streichtrio's und des Streichquartettes, jenes einheitlichen Organismus, der später als Hauptkern und Grundpfeiler des Orchesters dessen Fundamentalkraft bildete. So hatten denn die Bologneser Meister ein weites, wenn auch überwiegend technisches Feld anzubauen; dass und wie sie es gethan, bezeugen ihre zahlreichen Compositionen im Gebiete der Kirchensonate und nicht minder in der weltlichen durch die Kammersonate repräsentirten Instrumentalmusik. Nach beiden Richtungen hin wurde mit gleicher Kraft gewirkt und was die eine gewann, ging auch, die Tanzmusik nicht ausgeschlossen, in wechselseitiger Befruchtung auf die andere über.

Einer der ersten nahmhaften Tonsetzer in dieser Sphäre war Giovanni, Battista Vitali, geboren in Cremona 1644. Seine künstlerische Laufbahn begann er, wie der Titel seines ersten gedruckten Werkes bezeugt, als „Sonatore di Violino da Brazzo" im Orchester von S. Petronio in Bologna. Zu Ende 1674 (d. 1. Decbr.) trat er in den Dienst des Herzogs von Modena, welchem er sich bis zu seinem Tode (12. October 1692) widmete. Der Schwerpunkt von Vitali's Schaffen liegt im Gebiete der „Sonata da camera". Ihr gehört die Mehrzahl seiner Compositionen an, so weit sie veröffentlicht wurden. Vitali scheint der Tanzcomponist „par excellence" des 17. Jahrhunderts gewesen zu sein. Er leistete aber auch für seine Zeit etwas Aussergewöhnliches in diesem Fache. Der Meister behandelte die verschiedenen Tanzformen mit grosser Gewandtheit, Klarheit und Bestimmtheit. Sein Styl ist würde- und ausdrucksvoll, und sowohl im formellen Zuschnitt wie in der Behandlung des Einzelnen offenbart sich eine wohlthuende Beherrschung des Stoffes. Keine Frage kann es sein, dass Vitali die von ihm mit Vorliebe cultivirte Gattung der Tanzmusik wesentlich förderte.

Eine derartige Thätigkeit ist keineswegs zu unterschätzen;

denn die damaligen Tanzformen boten durch ihre Kürze und Gedrängtheit den Vortheil einer gleichsam concentrirten Gestaltungsweise. Man fand dabei erwünschte Gelegenheit nicht nur zu knapper, ausgeprägter und scharf gegliederter Gedankenentwickelung, sondern insbesondere auch zu sorgfältigerer und feinerer Durchbildung der mannichfachen rhythmischen Elemente. Hieraus ergab sich nun eine Befruchtung der Instrumentalmusik im weiteren Sinne. Manche später auftauchenden Darstellungsformen, namentlich in der „Sonata" verdankten ihre Existenz dem Tanze. So z. B. sind die im $^6/_8$ und $^{12}/_8$ Takte gesetzten Tonstücke freier Erfindung, denen wir weiterhin in der Sonate, meist als Schlusssatz, begegnen, zweifelsohne auf die Giga zurückzuführen.

Wir geben in den Musikbeilagen unter N. XXV ein Beispiel der Tanzmusik aus Vitali's erstem Werk: „Correnti, e Balletti da Camera a due Violini, col suo Basso continuo per Spinetta, ò Violone. Dedicate al Molt' illustre Sig. Santo Spisani da Giov. Battista Vitali, Sonatore di Violino da Brazzo in S. Petronio di Bologna & Accademico Filaschese. opera prima. In Bologna per Morino Silvani. 1666." Der Inhalt besteht aus zwölf Balletten und eben so viel Correnten. Die Form ist durchgehends zweitheilig, der Satz normal und von tüchtiger musikalischer Bildung und ungewöhnlichem Ausdrucksvermögen zeugend.

Mehr noch tritt dies in dem folgenden Werke des Componisten: „Balli in stile Francese a cinque Stromenti, da Gio. Battista Vitali. Maestro di Capella dell' A. S. del Sig. Duca di Modena, Accademico Filaschise, e Filarmonico. opera duodecima. In Modena, per Antonio Vitalini. 1685", hervor. Das Inhaltsverzeichniss nennt 7 Ballette, 6 Giguen, 8 Minuet, 6 Borea, 3 Gavotten, 1 Sarabande, 2 Brando, 1 Gagliarda figurata und 1 Corrente.

Insbesondere ist in diesen Tänzen neben grösserer Ausdehnung eine stärkere melodische Ausprägung von oft überraschender Wirkung zu bemerken.

Aber nicht allein in den vorstehend angedeuteten Beziehungen förderte Vitali den Instrumentalsatz innerhalb der

Kammersonate; er brachte diese Gattung auch vorwärts durch gelegentliche Einreihung von ausgeführteren Instrumentalstücken freier Erfindung. Sein achtes Werk: „Balletti correnti e capricci per Camera a due Violini, e Violone", Venezia 1683", enthält zwei grössere zweitheilige Allegrosätze „Capricci" benannt, die eine entschiedene Verwandtschaft mit den damals in der Kirchensonate gebräuchlichen Allegro's haben. Und in seinem eilften Werk: „Varie Sonate alla Francese & all' Itagliana à sei stromenti (3 Violini, Alto Viola, Tenore Viola und Spinetta ò Violone), Modena 1684", welches, wie die andern bereits erwähnten Sammlungen, hauptsächlich Tänze enthält, findet sich eine sogenannte „Sinfonia" in drei Sätzen, bestehend aus einem Grave, einem Adagio und einem Presto, alles nach Art der Kirchensonate.

Durch Aufnahme solcher Tongebilde in die bisher vornehmlich für die Tanzmusik bestimmte Kammersonate, wurde deren allmählige Umwandelung zu jener in der Kirchensonate bereits vorliegenden Kunstform vorbereitet.

Vitali war auch für die letztere Gattung thätig, der er zwei besondere Werke widmete (vergl. die Musikbeilagen N. XXVI u. XXVII). Das erste derselben führt den Titel: „Sonate a due Violini, col suo Basso continuo per l'organo di Giov. Battista Vitali, Musico etc. etc. al Molt' illustre Signor Vincenzo Maria Carrati. In Bologna, per Giacomo Monti MDCLXVII."

Der Inhalt besteht, wie die Orgelstimme beweist, aus Kirchensonaten (der Zahl nach 12). Einen Fortschritt in formeller Beziehung, so wie in Betreff der Geigenbehandlung bekunden sie nicht. Gleichwohl aber gewinnen sie Bedeutung durch das Streben des Tonsetzers nach einem freieren, vom trockenen Schulzwange sich emancipirenden künstlerischen Ausdruck, der sich namentlich in der Gesammtwirkung fühlbar macht.

Hervorragender noch in diesem Betracht ist das zweite, gleichfalls für die Kirche bestimmte Sonatenwerk des Meisters: „Sonate a due, trè, quattro, e cinque Stromenti di Giov. Battista Vitali. Musico etc. etc. opera quinta. In Bologna, per Giacomo Monti 1669."

Wir verweisen insbesondere auf das unter N. XXVIII in den Musikbeilagen mitgetheilte Capriccio, detto il Molza, ein stimmungs- und ausdrucksvoller Tonsatz von sehr specifischem Charakter und feinsinnigen Zügen, namentlich in der ersten Hälfte. Als geborener Bologneser, über dessen Leben und Wirken indessen keine Nachrichten vorliegen, ist hier auch der Tonsetzer Mazzolini zu erwähnen. Von ihm ist ein dem Bereich der Kammersonate angehörendes Instrumentalwerk „Sonate per Camera a trè, due Violini, e Clavicembalo ò Tiorba di Carlo Andrea Mazzolini, Bolognese, opera prima, in Bologna, per Gioseffo Micheletti 1687" bis auf unsre Zeit gekommen. Dasselbe enthält nur Präludien und Tänze und geht in keiner Beziehung über den Standpunkt Vitali's hinaus. Wir erwähnen es der Vollständigkeit halber, finden jedoch keinen Grund zu näherer Betrachtung.

Desto grössere Aufmerksamkeit fordert dagegen Corelli's Lehrmeister Giovanni Battista Bassani, der durch sein mehrjähriges Wirken in Bologna Veranlassung giebt, an dieser Stelle eingereiht zu werden.

Geboren gegen 1657. empfing er seine musikalische Bildung von dem Franziskanerpriester und Operncomponisten Castrovillari in Venedig, bekleidete dann das Amt eines Organisten und Musikmeisters bei der Ordensbruderschaft „della Morte" in Modena und übernahm hierauf die Funktion des Dirigenten bei S. Petronio in Bologna. 1716 beschloss er seine irdische Laufbahn in Ferrara, wohin er 1685 als Kapellmeister berufen worden war.

Bassani war nicht nur als Dirigent und Organist, sondern auch als Violinspieler und überdies als fruchtbarer, unter seinen Zeitgenossen hervorragender Tonsetzer hochgeschätzt. Sein schöpferisches Wirken erstreckte sich, wie die von ihm gedruckten Werke bezeugen, auf verschiedene Gebiete. Das Verzeichniss derselben nennt sechs Opern und ein und dreissig Vokal- und Instrumentalwerke sowohl für geistliche als auch profane Zwecke. Uns beschäftigen ausschliesslich die unter denselben befindlichen Instrumentalcompositionen, welche, ähnlich wie bei Legrenzi, eine durch vielseitige und umfassende Thätigkeit erworbene ungewöhnliche Beherrschung der Kunstmittel erkennen lassen.

Es liegen zwei Sammlungen der genannten Gattung vor. Die eine führt den Titel: „Balletti, Correnti, Gighe e Sarabande a Violino, e Violone overo Spinetta, con il secondo Violino à beneplacito. Di Gio. Battista Bassani. Organista, e Maestro di Musica nella venerabile Confraternità della Morte del Finale di Modena, & Accademico Filarmonico di Bologna. Opera prima. Dedicata al Merito singolare de Molt' illust. ed Eccellentiss. Sig. Dottore Eustachio Soldati, providitore dell' Altezza Serenissima di Modena. In Bologna MDCLXXVII. Per Giacomo Monti." Eine zweite Ausgabe dieses Werkes erschien 1693 in Bologna, ein Beweis, wie sehr es noch zu einer Zeit geschätzt wurde, da bereits die Instrumentalcomposition in ein neues Stadium getreten war.

Der Componist bietet hier 12 Kammersonaten im herkömmlichen Sinne. Jede derselben enthält 4 Tanzstücke in einer feststehenden Reihenfolge. Die Anordnung ist, immer wiederkehrend, diese: Balletto, Corrente, Gigha und Sarabanda. (Vergl. die Musikbeilagen N. XXXII.)

Die einzelnen Stücke lassen eine Erweiterung oder Bereicherung des Formellen und Technischen nicht erkennen; sie bewegen sich nach dieser Seite im Umkreise der Ueberlieferung. Aber die Behandlung des Instrumentalsatzes zeigt hinsichtlich der inneren Durchbildung gegen die Vordermänner, Vitali nicht ausgeschlossen, eine höhere künstlerische Stufe. Der Gesammteindruck wird bei sorgsamer und selbstständiger Führung der einzelnen Stimmen einheitlicher, geschlossener, musikalisch befriedigender; die Bewegung hat, geringe Ausnahmen abgerechnet, einen gleichmässig bequemen Fluss und die Modulation offenbart leichtere, geschmeidigere Uebergänge. In diesen Beziehungen wäre besonders die siebente Sonate der folgenden Sammlung (wir theilen sie in den Musikbeilagen unter N. XXXIII vollständig mit) hervorzuheben, welche sich auch insbesondere durch eine gewählte und feinsinnige Anwendung des chromatischen Elementes hervorthut.

Näheren Aufschluss über Bassani's Bedeutung für den Instrumentalsatz gewährt sein fünftes Werk, betitelt: „Sinfonie a due, o tre Instromenti, con il Basso Continuo per l'Organo, consacrate all' Illustrissimo & Eccellentissimo Signore Co. Alessandro Sanvitali, Conte di Fontanellato, e Marchese di Belforte, da Gio. Battista Bassani. Accademico Filarmonico, opera quinta. In Bologna, per Giacomo Monti. 1683." Schon früher wurde bemerkt, dass der Titel von „Sinfonien" spricht, während jedes einzelne Stück der Sammlung — sie enthält 12 Nummern — als „Sonata" bezeichnet ist. Es sind Kirchensonaten, wie die Orgelstimme beweist.

Auch hier ist an der überkommenen Form nicht nur nichts geändert, sondern Bassani greift gelegentlich sogar zu jener vielgliedrigen Gestaltung zurück, die wir bei Neri und selbst bei Legrenzi noch in einem Falle beobachten konnten. Demgemäss bestehen die Sonaten Bassani's aus 4, 5, 6 und 7 Theilen von grösserer und kleinerer Ausdehnung und wechselndem Zeitmaass, wie dies aus N. XXXIII der Musikbeilagen ersichtlich ist. Sonsthin aber muss dasselbe, nur mit stärkerer Betonung wiederholt werden, was bereits von Legrenzi, Vitali und auch von Bassani's erstem Werk gesagt wurde. Er bewegt sich wie seine ebengenannten Vorgänger in dem Kreise des Ueberlieferten, das Einzelne wie das Ganze stylistisch weiter durchbildend und läuternd. Die Motive, von charakteristischer Bestimmtheit des Ausdrucks, sind so geformt, dass ihre contrapunktische Durchführung mehrentheils schon eine euphonische Gesammtwirkung der Stimmen hinsichtlich des Zusammenklanges ergiebt. Die Faktur ist dabei durchsichtig, sauber und von stylistischer Reinheit, sowohl betreffs des melodisch Harmonischen und Rhythmischen, wie auch hinsichtlich der Periodisirung. Dies ist indessen nur auf die Sätze bewegten Zeitmaasses zu beziehen, die freilich in ihrer meist fugenartigen Behandlung durch den Eintritt des Thema's und seiner Gegensätze eine deutliche Gliederung begünstigen. Letztere fehlt den langsamen, meist aus einer einfachen Folge von Harmonien bestehenden Sätzen fast gänzlich. Nicht allein, dass sich in ihnen fest geschlossene Motive selten nur ausscheiden, sie erzeugen auch der Mehrzahl nach, gleich wie bei den früheren Meistern, den Eindruck einer willkürlich verschwommenen Tonmasse. Eine Ausnahme hiervon macht Vitali. In den langsamen Sätzen seiner Sonaten finden sich schon deutliche Anläufe zu freierer melodischer Phrasirung.

Im Uebrigen erweist sich Bassani's Instrumentalsatz als ein für den damaligen Standpunkt weit vorgeschrittener, wie denn auch sein Einfluss auf ältere und jüngere Zeitgenossen, vor allem aber auf Corelli, unverkennbar ist.

Eine höchst überraschende Erscheinung in dem fünften Werke Bassani's haben wir noch anzumerken. Sie gründet sich in jener vermannichfaltigten Anwendung der thematischen Arbeit, welche erst im Laufe des 18. Jahrhunderts zum entschiedenen Ausdruck gelangt, hier jedoch vorgreifend schon ein erstes Lebenszeichen äussert. Wir meinen die Zerlegung eines Motivs in seine einzelnen Bestandtheile und deren freieres oder strengeres Verwerthen bei Anordnung und Aufbau eines Tonstückes. Sie beruht, wie schon gesagt, in der sogenannten thematischen Arbeit. Diese letztere, im allgemeineren Sinne durch das Wesen des contrapunktisch Imitatorischen an sich bedingt, war in der Instrumentalmusik seit Gabrieli stets geübt worden, aber doch nur in gewissem Masse. Man begnügte sich eben damit, das Thema in seiner ursprünglichen Gestalt und höchstens mit geringen Modificationen, oder ein einzelnes Glied desselben andeutungsweise im Verlaufe eines Tonstückes wiederkehren oder als Reminiscenz anklingen zu lassen. Von der Auflösung eines Motives in seine Einzelbestandtheile und deren methodischer Ausbeutung bei der Entwickelung eines Musiksatzes wusste man noch nichts.

In Bassani's Kirchensonaten nun finden wir die ersten Spuren dieser, vorläufig noch völlig unbeachtet bleibenden verfeinerten Methode des Musikgestaltens, mit der er ahnungsvoll auf die spätere Meisterzeit Haydn's und seiner Nachfolger hindeutet.

Betrachten wir das erste Allegro der in den Musikbeilagen unter N. XXXIII mitgetheilten Sonate. Das in schlanker Figuration aus den drei ersten Sechszehntelnoten organisch sich entwickelnde Thema wird nach der damals üblichen Weise fugenartig in den beiden Oberstimmen bearbeitet. Violoncello und Orgel bilden den Bass dazu. Aber während das letztgenannte Instrument die Fundamentalbässe einfach giebt, führt das Violoncello in mannichfacher Weise das erste Glied des Thema's als Gegensatz zu den Hauptstimmen durch, so dass ein sinnreiches Tonspiel entsteht. Unwillkürlich wird man hier hinsichtlich der thematischen Behandlung an einzelne Partien im ersten Satz von Beethoven's Cmoll-Symphonie erinnert, so weit und tief auch immer die Kluft ist, welche beide Werke in geistiger Beziehung von einander trennt.

Dass diese Gestaltungsweise bei Bassani keine zufällige war, dass der Meister sie vielmehr mit klar bewusster Absicht anwendete, beweist ihre Wiederkehr im ersten Allegro (Presto) der achten Sonate desselben Werkes (s. dieselbe unter N. XXXIV der Musikbeilagen). Hier ist es das dem Thema entnommene Quintintervall, welches im Verlaufe des Satzes, auf verschiedenen Tonstufen wiederkehrend, eine selbstständige Rolle neben der Durchführung des Hauptmotives spielt.

Eine derartige geistreiche Anwendung der thematischen Arbeit, mit der Bassani, ähnlich wie Monteverde betreffs einer weit vorgreifenden Ausdehnung der Violintechnik, seiner Zeit voraneilte, blieb vor der Hand ohne bestimmenden Einfluss auf die Produktion. Immer war man noch mit Bewältigung nöthigerer und näher liegender Forderungen beschäftigt. Die Formen der „Sonate" mussten zunächst mehr noch ausgestaltet und bestimmt werden, ehe man sich einem im Detail feiner zugespitzten Musikbilden hingeben konnte.

Sodann war auch die Violintechnik, welche seit Mitte des 17. Jahrhunderts in keiner Hinsicht eine wesentliche Bereicherung erfahren hatte, weiter zu entfalten.

Hier nun ward demnächst das Wirken Giuseppe Torelli's, geb. gegen Mitte des 17. Jahrhunderts in Verona, gest. 1708, von Wichtigkeit. Er wurde im September 1686 als Violettspieler (suonatore di Violetta) bei der Capelle von S. Petronio in Bologna angestellt. Vom Jahr 1689 erscheint er in den Registern der genannten Kirche als Spieler der „Tenor-Viola".

In dieser Stellung blieb Torelli bis zum Februar 1696. Von da ab war er theils als Violin-, theils als Violenspieler im Orchester von S. Petronio thätig. Im Jahr 1703 wurde er in der Eigenschaft eines Conzertmeisters an den markgräflichen Hof zu Anspach berufen.

Als Instrumental- und Violincomponist erlangte Torelli dadurch Bedeutung, dass er die ersten Conzerte schrieb. Wenn man hierauf bezüglich von einer Erfindung gesprochen, wie es Gerber und nach ihm Fétis gethan, so ist, ohne des Meisters Ruhm zu beinträchtigen, erläuternd hinzuzufügen, dass von einer solchen im strengeren Sinne des Wortes nicht wohl die Rede sein kann.

Das Torelli'sche Conzert beruht durchaus auf dem überlieferten Sonatensatz. Und selbst der Name „Concerto" gehört nicht dem genannten Tonsetzer an; er ist dem Gebiete der Vokalmusik entlehnt. Als besonders bemerkenswerthes Moment erscheint — und hier ist an Torelli's letztes Werk: „Concerti grossi" zu denken — die Eintheilung der Instrumente in Solo- und Ripienstimmen. Die Sonderung also der Instrumente in obligate und begleitende ist, genau ausgedrückt, dasjenige, was Torelli dem bestehenden Instrumentalsatz hinzugefügt hat. Man mag diese, mehr Mannichfaltigkeit der Tongebung erzeugende Anordnung nicht unterschätzen, welche nur von einem feingebildeten, mit klarem Verständniss und reiflicher Ueberlegung handelnden Kunstgeist ausgehen konnte. Doch als durchaus selbstständige Erfindung darf man auch sie nicht bezeichnen, da bereits etwas Aehnliches in dem lange schon vorhandenen mehrchörigen Vokalconzert gegeben war. Im Grunde besteht mithin Torelli's übertriebenerweise als Erfindung bezeichnetes Verdienst darin, dass er der erste war, welcher zur Hauptsache Dagewesenes in angemessener Weise auf den in der Sonate gegebenen Instrumentalsatz übertrug.

Das Werk, in welchem dies am Deutlichsten hervortritt, sind die schon genannten „Concerti grossi con una Pastorale per il santissimo Natale, di Giuseppe Torelli veronese, Musico sonatore nella perinsigne Collegiata di S. Petronio di Bologna & Accademico Filarmonico. opera ottavo. Consacrati all' Illustrissimo Signore, il Signore Marchese Stefano Alli' Macharani Cavagliere di S. Stefano da Felice Torelli. — In Bologna 1709, per Marino Silvani." Der hier genannte Felice Torelli, seines Berufes Maler, war der Bruder des Tonsetzers, wie aus folgenden Worten der Vorrede hervorgeht: „presento quest' opera, parto del talento del già mio fratello, che sia in cielo, et adempio quegli ufici che egli haverebbe eseguiti (se fosse rimasto in vita) con V. S. Illustrissima." Er veröffentlichte das Werk ein Jahr nach dem Tode des Meisters.

Dasselbe enthält 12 Conzerte. Die ersten sechs sind für zwei Soloviolinen (con due Violini che concertano soli), die übrigen sechs dagegen für eine Solovioline (con un Violino che concerta solo) mit Begleitung von zwei Ripienviolinen (Violini di rinforzo), Alto-Viola, Violone o Arcileuto und Organo gesetzt.

Wir theilen in den Musikbeilagen unter N. XXXVI eines der Conzerte für zwei Solo-Violinen mit. Die Orgelstimme ist in demselben nicht besonders notirt, weil sie mit dem Instrumentalbass übereinstimmt. In dem dreisätzigen, auf die Sonatenform basirten Tonstücke, heben sich die conzertirenden Violinen, theils in gemeinsamer, theils in gesonderter Thätigkeit, scharf hervor. Ihre Behandlung streift, insofern es die Figuration und die im zweiten Satze angewendeten Arpeggio's betrifft, ganz unverkennbar schon an das virtuose Element. In diesem Betracht offenbart Torelli einen neuen Standpunkt. Derselbe ist mehr noch, wie in dem mitgetheilten Conzert für zwei Violinen, in den Conzerten für eine Sologeige fühlbar, da hier der schroffe, allerdings beabsichtigte Gegensatz zwischen der obligaten Stimme und den übrigen Instrumenten ganz unverhüllt hervortritt. In dieser letzteren Beziehung darf Torelli als Vorläufer Vivaldi's und Tartini's, soweit es das Violinconzert betrifft, bezeichnet werden.

Die schöpferische Thätigkeit Torelli's war vorzugsweise der Kirche gewidmet. Ausser den „Concerti grossi" veröffentlichte er 1686 „Sonate à trè stromenti (Violino I und II und Violoncello) con il Basso continuo, opera prima, Bologna per

Gioseffo Micheletti"; ferner „Sinfonie a 2. 3. e 4. Istromenti (Streichquartett und Orgel), opera terza, Bologna per G. Micheletti 1687"; sodann „Sinfonie à trè e Concerti à quattro (letztere gleichfalls für Streichquartett, Tiorba o Violone und Orgel) opera quinta, in Bologna 1692 per G. Micheletti"; endlich „Concerti musicali (wiederum für Streichquartett und Orgel) opera sesta, in Augusta, appresso Lorenzo Kroniger & Eredi del Teofilo Goebelio, per Gio. Christof. Wagner 1698."

Ausserdem liess der Meister an weltlicher Instrumentalmusik drucken: „Concerto da camera a due Violini e Basso, opera seconda, in Bologna 1686 per G. Micheletti", und „Concertino per camera a Violino e Violoncello, opera quarta". Letzteres Werk, nach Umfang und Inhalt unbedeutend, erschien ohne Angabe der Jahreszahl und des Druckortes. Auf dem Titel befinden sich nur die Worte: „Si vendono da Marino Silvani".

Jedenfalls componirte Torelli mehr, als er der Offentlichkeit übergab. In der Privatmusiksammlung des Königs von Sachsen werden handschriftlich einige Arbeiten des Meisters aufbewahrt, welche in seinen gedruckten Werken nicht zu finden sind. Wir geben von den ersteren in den Musikbeilagen unter N. XXXV ein Beispiel. Es ist eine Kammersonate für Violine solo und Bass. Beide von uns mitgetheilten Tonstücke, sowohl das Conzert, wie die Sonate, veranschaulichen sehr deutlich Torelli's Schreibweise. Ohne Frage steht sie in qualitativer Hinsicht gegen Bassani's Styl zurück, der von schwerwiegenderem, gediegenerem Gehalt ist. Aber grosse Gewandtheit der Faktur bei ungezwungener contrapunktischer Arbeit, leicht und bequem hinfliessendem Gedankengang und einem für die damalige Zeit schon eleganten Ausdruck, sind Torelli's Compositionen nicht abzusprechen. Unverkennbar stellt sich indess das Talent des Tonsetzers doch als ein überwiegend Formelles, nach Aussen wirkendes dar. Dieser Eindruck wird verstärkt durch die bravourmässig gehandhabte, wenn auch in dem herkömmlichen Umfange der Violintechnik gehaltene Figuration, durch die Benutzung mannigfacher Arpeggio's, so wie durch die complicirtere Anwendung des bisher noch wenig gebrauchten doppelgriffigen Spieles, von dem wir nur ein Beispiel in Farina's „Capriccio stravagante" aufzufinden vermochten. In beiden Beziehungen bewirkte Torelli ohne Frage einen bedeutenden Fortschritt für die Spielarten der Violine. Dann auch gehört er zu den Tonsetzern, welche die Uebertragung der in der Kirchensonate üblichen Form auf die Kammersonate bewirkten. Die letztere, zunächst vorwiegend für die Tanzmusik bestimmt, veränderte allmählig ihren Charakter, wie man bei Vitali gesehen, durch Aufnahme einzelner kleinerer und grösserer Instrumentalstücke von freier Erfindung. Nun, nachdem dieses geschehen, bedurfte es nur noch eines Schrittes, um Kammersonaten auch durchaus nach dem Modus der Kirchensonate zu schaffen, und Torelli war sicher einer der ersten, die in dieser Beziehung tonangebend vorangingen.

Nicht selten erschien trotzdem auch ferner noch die Tanzmusik unter dem Namen „Sonata da camera" fort; indess in der ersten Hälfte des 18. Jahrhunderts hörte dies ganz auf, indem die Kammersonate ein für allemal das Wesen der Kirchensonate annahm.

Nach Torelli haben wir einige Bologneser Tonsetzer, nämlich Borri, Vitali, Laurenti, Belisi, Buoni und Bernardi, zu nennen, deren Compositionen zwar keinen wesentlichen Fortschritt im Bereich des Sonaten- und Violinsatzes erkennen lassen, die aber doch an dieser Stelle Erwähnung verdienen, um zu zeigen, wie tief die Pflege der Instrumentalmusik in das Musiktreiben der Romagnolischen Hauptstadt zu Ende des 17. Jahrhunderts eingedrungen war. In wechselseitiger Aneiferung sehen wir dort Meister um Meister dafür wirken und schaffen. Es ist wichtig, sich hierüber Rechenschaft zu geben; denn nur durch die Summe einer so rührigen, werkthätigen Betheiligung an diesem im vielversprechenden Werden und Wachsen begriffenen Kunstzweige konnte jenes technische Vermögen errungen werden, welches zu einem entschiedenen Fortschritte führte. Und wenn es auch nicht Jedem gegeben war, auf der Höhe der Zeit zu stehen, wenn ein Künstler dem andern den Vorrang streitig machte, und neben bedeutsamen Leistungen auch weniger hervorstechende

Gaben zum Vorschein kamen, so war doch eine vielseitige Kunstübung, weil anspornend und Kräfte erweckend, immerhin mit einem unschätzbaren Gewinne verbunden. Zunächst ist hier Borri zu erwähnen. Von ihm erschienen 1688 in Bologna als op. 1 „12 Sinfonie a 3 (2 Violinen und Violoncello col Basso d'Organo)". Es sind Kirchensonaten von tüchtiger contrapunktischer Arbeit, aber entschieden studienartigem Charakter. Ein individuelles Gepräge, wie es in den Compositionen Torelli's und namentlich Bassani's schon fühlbar wird, ist in dieser Musik nicht zu bemerken.

Bartolomeo Girolamo Laurenti, der Vater, geb. 1644 zu Bologna, der als Violinist in hohem Ansehn stand, und bis zu seinem Tode (18. Jan. 1726) im Orchester bei S. Petronio thätig war, veröffentlichte zwei Werke, nämlich: „Sonate per camera a Violino e Violoncello (op. 3. Bologna 1691)" und „Sei Concerti à tre cioè Violino, Violoncello ed Organo, Bologna 1720".

Die Kammersonaten enthalten ausser „Introduzioni" und „Balli" verschiedene Tanzformen. Das Gestaltungsvermögen des Tonsetzers, von guter Schule zeugend, erhebt sich hier nicht über das Niveau des damals allgemein Geleisteten. Bedeutender sind die sechs Kirchenconzerte des Meisters, welche aber schon jener von Corelli durchaus beherrschten Periode angehören und daher nur eine relative Bedeutung beanspruchen können.

Es mag hier zugleich Laurenti's Sohn, mit Vornamen Girolamo Nicolò, gedacht werden, obschon die Wirksamkeit desselben dem 18. Jahrhundert angehört. Er wird als Schüler Tommaso Vitali's und tüchtiger Violinspieler bezeichnet, und war, wie sein Vater, gleichfalls im Orchester von S. Petronio zu Bologna angestellt. Man kennt von ihm sechs Conzerte für 3 Violinen, Viola, Violoncello und Orgel. Am 26. Decbr. 1752 starb er in seiner Vaterstadt.

Sein Lehrer Tommaso Antonio Vitali, geb. zu Bologna um die Mitte des 17. Jahrhunderts, vielleicht ein Verwandter Giov. Battista Vitali's, ist unter den vorstehend erwähnten Künstlern einer der begabtesten. Er war ein bedeutender

Violinspieler und nach erfolgter Wirksamkeit in seinem Geburtsorte eine Reihe von Jahren hindurch als Orchesterchef am Hofe von Modena thätig. Man rühmt ihm nach, dass er viele gute Schüler gebildet habe, doch wird von diesen nur der eben erwähnte Laurenti namhaft gemacht. Von den Instrumentalwerken Vitali's, die Fétis auf die Zahl fünf, ohne nähere Angabe der Titel jedoch, fixirt, wird eines in der Bibliothek des „Liceo musicale". zu Bologna aufbewahrt. Es enthält 12 „Sonate da Chiesa a tre col Organo. Modena 1693 op. 1" [1]). Die Beschaffenheit dieser Tonstücke zeichnet sich nicht vor den Arbeiten der Zeitgenossen aus, wenn sie auch von der tüchtigen musikalischen Bildung des Componisten Kunde gibt. Bedeutender ist jedenfalls die von ihm vorhandene charakter- und stimmungsvolle Ciaccona [2]) für Violine solo und Bass, aus deren kurzem, prägnantem Thema eine Reihe contrastirender Tonbilder entwickelt ist. Hier begegnet uns in dem italienischen Instrumentalsatz zum ersten Mal die von deutschen Tonsetzern schon vorher mit Vorliebe behandelte Variationenform in grösserer und reicherer Durchbildung. Nächst der anziehenden harmonisch modulatorischen Behandlung erregen die mannichfaltigen ornamentalen Figurationen unsere Aufmerksamkeit, welche sich keinesweges als äusserliche virtuose Zuthat, sondern als folgerichtige arabeskenartige Entwickelungsglieder des Grundgedankens erweisen. Dieses Musikstück darf als ein glücklicher Vorläufer der bekannten Bach'schen Ciaccona für Violine solo gelten, die uns freilich erst die Tiefen des tondichterischen Schaffens erschliesst.

Filippo Carlo Belisi veröffentlichte ein Heft Instrumentalstücke unter dem Titel: „Balletti, Correnti etc. a due Violini e Violoncello col Basso Continuo, Bologna 1691, op. 1". Der Inhalt besteht mehrentheils aus Tänzen, die durch sogenannte

---

[1]) Bei Fétis ist dieses Werk irrthümlich als das fünfte des Tonsetzers angeführt.

[2]) In modernisirter Bearbeitung von Ferd. David bei Breitkopf und Härtel in Leipzig herausgegeben.

„Balli" — eine Art Tanzintroduktion — eingeleitet werden. Diese Balli sind, wie bei den vorhergehenden Tonsetzern, theils einsätzig, theils aber auch, vom Herkommen abweichend, zweisätzig; in letzterem Falle folgt auf ein langsames ein schnelles Stück. Den Schluss einiger dieser cyklusartig angeordneten Piecen bildet ein Allegro. N. 12 der Sammlung, Capriccio benannt, ist im ersten Theil musivisch aus Grave, Presto, Adagio, Presto, Adagio, Presto, Adagio und Allegro zusammengesetzt. Sodann folgt Grave und Allegro spiccato. Den Schluss bildet ein Menuet.

Auch bei diesem Tonsetzer ist also das Bestreben erkennbar, Gestalt und Wesen der bisherigen Kammersonate in eine höhere Sphäre empörzuheben, obwohl er noch nicht ganz mit dem Herkommen bricht. Der Inhalt dieser Gebilde vermag uns freilich ebenso wenig geistig zu fesseln, wie die Arbeiten D. Giorgio Buoni's, der 1693 in seiner Vaterstadt Bologna „Allettamenti per Camera a due Violini e Basso" herausgab. Es sind formelle, in's Bereich der Kammermusik fallende Studien, mit der in Belisi's Compositionen herrschenden Tendenz.

Bartolomeo Bernardi endlich, der letzte der oben genannten Bologneser Tonsetzer des 17. Jahrhunderts, welcher in seinem reiferen Lebensalter als Hofkapellmeister in Copenhagen wirkte, veröffentlichte „Dodici Sonate a Violino solo e continuo op. 1" und „10 Sonate a tre con il Basso per l'Organo, Bologna 1696, op. 2". Diese Werke, insbesondere das zweite derselben, heben sich durch gewandte Contrapunktik, fliessende Schreibweise und leicht beschwingte Figuration, ähnlich der Torelli'schen Manier hervor, ohne sich jedoch bezüglich ihres Gehaltes vor den Arbeiten der Zeitgenossen auszuzeichnen. Erwähnt mag hier noch als geborener Bologneser der Graf Pirro Capacelli Albergati werden, welcher, obwohl Dilettant, dennoch unter die namhaften Tonsetzer der von uns betrachteten Epoche gezählt wird. Er schrieb und veröffentlichte zwischen den Jahren 1682 und 1721 eine bedeutende Anzahl von Vokal- und Instrumentalcompositionen; unter den letzteren befinden sich Kirchen- und Kammersonaten, wie auch Concerte.

Neben Bologna wurde auch in anderen italischen Städten während der zweiten Hälfte des 17. Jahrhunderts die Instrumentalcomposition, obschon in geringerem Maasse cultivirt. Belege bieten dafür die Produktionen folgender Tonsetzer: Bononcini (Vater und Sohn), Mazzaferrata, Franchi, Tonini, Marini, Grossi, Taglietti, Ruggeri, Vinacesi, Zanata, Chiarelli und Gigli [1]).

Giovanni Maria Bononcini, geb. 1640 in Modena und daselbst gest. 19. Nov. 1678, war bei der Hofmusik des Herzogs Franz II. und ausserdem als Kapellmeister bei der Kirche S. Giovanni in Monte in seiner Vaterstadt thätig. Er veröffentlichte vom Jahr 1666 bis 1678 sieben verschiedene Instrumentalwerke, von denen alle bis auf eine Sammlung Kirchensonaten dem Bereiche der Kammermusik angehören.

Sein Sohn Giovanni, hauptsächlich Operncomponist, geb. 1672 in Modena, liess gleichfalls eine Reihe von Instrumentalcompositionen drucken, und zwar 4 Hefte Sinfonien von 2—8 Stimmen. Die Herausgabe derselben fällt zwischen die Jahre 1685 und 1687.

Von Mazzaferrata, der, in Como geboren, hauptsächlich Vokalcomponist war, existirt ein Instrumentalwerk: „Il primo Libro delle Sonate a due Violini con un Bassetto Viola se piace, da me Gio. Battista Mazzaferrata. Maestro di Capella dell' Illustrissima Accademia della Morte di Ferrara, opera quinta. In Bologna 1674."

Es enthält 12 Kirchensonaten, deren musikalischer Gehalt eben nicht bedeutsam ist. Aber bemerkenswerth sind diese Musikstücke durch die consequente viersätzige Anordnung, welche später in der Sonate neben der dreitheiligen Formgebung herrschend wurde. Wir geben in den Musikbeilagen unter N. XXXI eine dieser Sonaten Mazzaferrata's.

Giovanni Pietro Franchi, geb. in Pistoja gegen Mitte des

---

1) Leider ist es mir bis jetzt nicht vergönnt gewesen, die Werke der obigen Meister (mit Ausnahme einer Sonatensammlung von Mazzaferrata) kennen zu lernen.

17. Jahrh. und Conzertmeister beim Herzog Rospigliosi de Zagarola, veröffentlichte 1687 in Bologna „Sonate a tre".

Der Veroneser Bernardo Tonini, geb. gegen 1668, gab 4 Sonatenwerke gegen Ende des 17. Jahrhunderts in Druck, von denen drei für die Kirche und eines für profane Zwecke bestimmt waren.

Carlo Antonio Marini, geb. um die Mitte des 17. Jahrhunderts in Bergamo, war als geschätzter Violinspieler an der Kirche St. Maria Maggiore in seiner Vaterstadt thätig, und veröffentlichte gleichfalls gegen Ende des 17. Jahrhunderts 5 Sonatenwerke für die Kirche und Kammer.

Andrea Grossi, gegen Ende des 17. Jahrhunderts als Violinist in Diensten des Herzogs von Mantua, liess zwei Sonatenwerke drucken.

Von dem Kapellmeister beim „Collegio nobile di S. Antonio", Namens Giulio Taglietti, geb. gegen 1660 in Brescia, erschienen in den neunziger Jahren des 17. Jahrhunderts 3 Violinwerke, nämlich 1 Heft Kammersonaten und zwei Hefte Conzerte sowohl für die Kirche als für's Haus.

Giovanni Martino Ruggeri (auch Ruggieri), geb. in der zweiten Hälfte des 17. Jahrhunderts zu Venedig, war hauptsächlich Operncomponist, veröffentlichte aber auch 3 Sonatenwerke.

Von Benedetto Vinacesi, geb. gegen 1670 in Brescia, welcher Kapellmeister beim Prinzen Francesco Gonzaga de Castiglione war, ist ein Sonatenwerk für die Kirche (Venedig 1696) bekannt worden.

Der Venezianer Domenico Zanata, geb. zu Ende des 17. Jahrhunderts, gab eine Sammlung von Kirchensonaten als op. 1 heraus.

Auch ein namhafter Instrumentenmacher und Lautenspieler jener Tage, Andrea Chiarelli, geb. gegen 1675 in Messina, machte sich als Instrumentalcomponist bekannt. Es erschien von ihm in seinem Todesjahr (1699) zu Neapel eine Sammlung von „Suonate musicali di Violini, Organo, Violone e arciliuto".

Endlich nennen wir Giovanni Battista Gigli, mit dem

Beinamen „il Tedeschino". Er war gegen Ende des 17. Jahrhunderts als Hofcomponist in Florenz thätig und veröffentlichte „Sonate da chiesa e da camera a trè stromenti, col Basso continuo per l'Organo, welche 1690 in Bologna herauskamen.

Ein zweiter hierher gehörender Florentiner Tonsetzer war der in Diensten der Grossherzogin Vittoria von Toscana stehende Violinist Antonio Veracini, Onkel und Lehrer des später Aufsehen erregenden Francesco Maria Veracini. Von seiner Arbeit existiren drei Sonatenwerke, nämlich 1) „Sonate à tre, due Violini e Violone ò Arcileuto col Basso per l'Organo. Opera prima. In Firenze, nella Stamperia di S. A. S. per Antonio Navesi alla Condotta."

2) „Sonate da Chiesa a Violino e Violoncello o Basso continuo, opera seconda. Amsterdam, Roger." (Jedenfalls ein Nachdruck) und

3) Sonate da Camera a due, Violino e Violone o Arcileuto, col Basso per il Cimbalo. opera terza. In Modena, per Fortanimo Rosati, Stampatore di Musica Ducal 1696."

Ant. Veracini ist ohne Frage trotz der geringen Zahl seiner Werke zu den hervorragendsten und einflussreichsten Instrumentalcomponisten der zweiten Hälfte des 17. Jahrhunderts zu rechnen. Seine Kirchen- und Kammersonaten, von denen die Musikbeilagen zwei Beispiele (N. XXXVII und XXXVIII) enthalten, zeichnen sich nicht allein durch eine für jene Periode bedeutende formelle Gewandtheit, so wie durch ungewöhnliche Beherrschung der Kunstmittel, sondern auch durch stimmungsvollen, edeln Charakter aus. Sie enthalten zudem originelle melodische und modulatorische Züge und feinsinnige contrapunktische Combinationen, die seinem Satze etwas individuell Ausgeprägtes geben und ebensosehr den trefflich gebildeten wie denkenden Musiker dokumentiren: Am deutlichsten tritt dieses Alles in seinem dritten Werke hervor, welches 10 Kammersonaten für Violine und Bass enthält. Dieselben sind ohne Ausnahme nach dem Modus der Kirchensonate gestaltet, enthalten also wie die gleichartigen Compositionen Torelli's, keine Tänze mehr, sondern breiter ausgeführte Tonstücke — in der Regel 2 langsame und 2 schnelle Sätze — völlig freier Erfindung. Ein geläutert ernstes, männlich reifes und schöngeistiges, dem Kirchenstyl der damaligen Zeit nahe verwandtes Wesen waltet in der ganzen Sammlung vor. Dem hervorragenden Standpunkte des Tonsetzers entsprechend wird auch die musikalische Gestaltungsweise höheren Anforderungen gerecht. Die Darstellung ist, mit geringen Ausnahmen, klar, flüssig und gerundet, sowohl im Ganzen wie im Einzelnen. In Betreff der Allegrosätze kann dies nicht überraschen, da bereits frühere Meister, wie z. B. Bassani, in denselben Bedeutsames hervorgebracht hatten. Die langsamen Stücke dagegen fordern zu einer Auszeichnung auf, weil sie einen Fortschritt bemerken lassen. In ihnen tritt schon eine ausgeprägtere Melodik in abgeschlossener Gliederung auf, wodurch nun auch im Adagio oder Largo die bisher weniger berücksichtigte Klarheit des Periodenbaues erreicht wird.

Wir haben in der vorhergehenden Darstellung die Entwickelungsgeschichte der Instrumentalmusik mit besonderer Rücksicht auf Violinsatz und Violinspiel bis zum Schlusse des 17. Jahrhunderts verfolgt. Werfen wir nun einen Rückblick auf die dadurch gewonnenen Resultate, so ist, um zunächst das Allgemeine ins Auge zu fassen, die allmählige stufenweise Ausbildung einer, neben der schon in hoher Vollkommenheit bestehenden Vokalmusik neu und selbstständig sich eröffnenden Kunst leicht erkennbar. Die frühesten Lebenszeichen derselben, vorbereitet durch die speciell dem Dienste der Terpsichore gewidmete Tanzmusik, offenbarte sich in den Werken der venezianischen Tonmeister der zweiten Hälfte des 16. Jahrhunderts. Sie benutzten ohne Frage zuerst die damals gebräuchlichen Blas- und Streichinstrumente für rein geistige, ideale Zwecke, indem sie dieselben theils als Begleitung zum Gesange, theils auf selbstständige Weise in der Kirchenmusik anwendeten. Noch vor Ende des 16. Jahrhunderts wurde dem Chor der Tonwerkzeuge die inzwischen in Aufnahme gekommene Violine hinzugefügt, welcher naturgemäss sogleich die Führung der Streichinstrumente zufiel. Ihre vielseitigen vorzüglichen Eigenschaften waren schnell erkannt und gaben den Tonsetzern Anlass zur Bereicherung der Composition. Diese bewegte sich, insofern es die Geige betrifft, Anfangs wie begreiflich in bescheidenen und engen Grenzen, sowie in einer gewissen Abhängigkeit vom Vokalsatz. Erst nach und nach konnte eine Erweiterung dieser Grenzen so wie die völlige Loslösung von dem natürlichen Vorbilde des Gesanges erfolgen. Es geschah in dem Maasse, als sich die Technik des schwierigen Instrumentes mehr und mehr entwickelte. Den wesentlichsten Antheil hieran hatten diejenigen Componisten, welche entweder Violinspieler von Fach waren oder doch durch praktische Uebung eine genaue Kennerschaft des fraglichen Tonwerkzeuges besassen. Als solche Meister traten nach dem Vorgange Gabrieli's in der ersten Hälfte des 17. Jahrhunderts nacheinander Claudio Monteverde, Biagio Marini, Carlo Farina, Gio. Battista Fontana und Tarquinio Merula auf. Durch sie wurde die Bahn für eine selbstständigere Behandlung der Violine gebrochen. Im engen Zusammenhang hiermit stand die allmählige Entwickelung jener schon zu Ende des 16. Jahrhunderts vorkommenden Instrumentalcomposition, die als „Sonate" (Spielstück) bezeichnet wurde.

Wir haben zu zeigen versucht, wie dieses unter dem Namen „Sonata" begriffene Kunstprodukt sich im Laufe des 17. Jahrhunderts, die Instrumentalcanzone verdrängend, nach und nach zu einer bestimmteren Form durchbildete. Unaufhörlich hin und herschwankend betreffs der Zahl kleinerer und grösserer zu einem Ganzen vereinigten Sätze in wechselndem Takt und Tempo, mehrten sich zu Ende des 17. Jahrhunderts die Beispiele der viertheiligen Bildweise, welche in der ersten Hälfte des 18. Jahrhunderts neben dem dreitheiligen Sonatensatz allgemein herrschend wurde. Zugleich zog sich die Anfangs vielstimmige Schreibweise allmählig auf den zwei-, drei- und vierstimmigen Satz zurück. Die frühesten

Beispiele von diesen Normirungen der Sonatencomposition begegneten uns bei Fontana und Merula.

Von Mitte des 17. Jahrhunderts ab erscheint die genauere Bezeichnung „Sonata da chiesa". Gleichzeitig schritt auch die nunmehr des Gegensatzes halber unter dem Terminus „Sonata da Camera" begriffene weltliche Instrumentalmusik vorwärts, welche, zunächst Tanzmusik enthaltend, nach und nach mit Tonstücken freier Erfindung, wie Arien, Präludien, Capriccio's, Sinfonien etc. bereichert wurde. Hier begegnet uns in der Romanesca von Biagio Marini ein erster Versuch zur selbstständigen Violincomposition.

Nach Mitte des 17. Jahrhunderts verallgemeinerte sich die thätige Theilnahme der Tonsetzer an der neuen Kunstgattung. Zahlreiche Werke, sowohl der Kirchensonate als der Kammersonate angehörend, wurden im Laufe der zweiten Hälfte des genannten Säculums zu Tage gefördert, in denen der drei- und vierstimmige Satz für Streichinstrumente — an ihrer Spitze immer die Violine — überwiegend ist. Die Formen beider Sonatenarten erweitern und bestimmen sich mehr. Gesammtgestaltung und Ausdruck nehmen einen specifischen Charakter an; die Motivbildung und deren Durchführung wird plastischer; Harmonik, Modulation und Rhythmik gewinnen ein gereinigteres flüssigeres Gepräge, und die Sonderung der einzelnen Theile in der Kirchensonate tritt schärfer hervor.

Die Kammersonate erfährt gleichzeitig weitere Bereicherung durch Einschiebung grösserer selbstständiger Tonsätze und endliche Umformung nach Art der Kirchensonate. Andererseits wird die letztere durch mannichfache rhythmische Bildungen der Tanzweisen befruchtet.

Während der zweiten Hälfte des 17. Jahrhunderts hing die angedeutete Kunstentwickelung hauptsächlich mit dem Musikleben Bologna's zusammen. Unbestritten nahm diese Stadt in der fraglichen Beziehung den ersten Rang ein: sie glänzte zum zweiten Male, wie schon früher durch ihre Malerschule, so jetzt für eine Weile durch ihr reichbewegtes, weithin herrschendes Musiktreiben. Erhöht wurde die Bedeutung des dortigen Tonlebens durch den neben Venedig schwunghaft betriebenen Notendruck.

Die Pflege des neuen Kunstgebietes fand ihre Ergänzung in den mannichfachen Bestrebungen, welche demselben an andern Orten Italiens gewidmet waren. Venedig, Brescia, Bergamo, Turin, Florenz, Cremona, Modena, Parma, Mantua, alle diese Städte, und noch andere, nahmen früher oder später schätzbaren Antheil an dem Werke, welches so viele künstlerische Kräfte der romagnolischen Hauptstadt in eifrigste Bewegung gesetzt hatte.

Die unmittelbare Folge dieser verallgemeinerten Ausübung der Instrumentalcomposition war eine weitverbreitete praktische Kunstübung. Hier spielte nun die Familie der Streichinstrumente eine überwiegend wichtige Rolle, unter ihnen aber wiederum vorzugsweise die Violine, welche seit Mitte des 17. Jahrhunderts, wie wiederholt gesagt wurde, durch ausschliessliche Führung der Oberstimme entschieden prävalirte. Nahm sie schon in dem mehrstimmigen Ensemble eine bevorzugte Stellung ein, so wurde sie noch insbesondere dadurch ausgezeichnet, dass man für sie, wie wir an den Werken Fontana's, Marini's, Torelli's und Ant. Veracini's sahen, auch Solosonaten mit einfacher Begleitung des Basses und der Orgel oder des Clavicembolo's setzte. Hiermit war ein Standpunkt gegeben, von dem aus Violincomposition und Violinspiel neben der selbstständig fortschreitenden Instrumentalmusik mit Erfolg als Sonderkunst betrieben werden konnte.

Für die Förderung dieser letzteren bildeten sich nun mit Beginn des 18. Jahrhunderts in Italien förmliche Centralpunkte, die von einheimischen und auswärtigen Talenten aufgesucht wurden, um die befruchtende Lehre eines bestimmten tonangebenden Meisters zu empfangen und hinauszutragen in die weite Welt. Den Reigen eröffnet hier

Die Römische Schule,

deren Stifter Arcangelo Corelli[1]) ist.

---

1) Ueber Corelli's äussere Lebensumstände, so wie über sein

Corelli war berufen, das mühevolle Werk, die unsägliche Arbeit einer hundertjährigen Kunstentwickelung abzuschliessen und zu krönen. Er gehört nicht zu jenen Naturen, die reformatorisch mit kühnem, gebieterischen Willen in den Gang der Dinge eingreifen und bahnbrechend neue, unbekannte Pfade eröffnen und beschreiten. Seine Mission war, die Errungenschaften des überlieferten Instrumentalsatzes zusammenzufassen, zu concentriren, zu läutern, im Einzelnen zu ergänzen, auszufüllen und harmonisch durchgebildet in Musterwerken erscheinen zu lassen. Insbesondere schuf er, soweit das Material dafür vorlag, eine methodisch geregelte Behandlung der Violine und Violincomposition. Alles findet bei ihm die gehörige Stelle, den entsprechenden Platz so wie eine zweckmässige künstlerische Ein- und Anordnung. Harmonie und Modulation sind normal und der Periodenbau zeigt schöne, schlanke Verhältnisse. Daher ist die Struktur, besonders seiner späteren Erzeugnisse, einfach klar, bestimmt, übersichtlich und plastisch. Alles dies in dem Umfange der überlieferten Formen. In keiner Beziehung geht dagegen Corelli über die von seinen Vorgängern gesteckten Gränzen hinaus. Ja, wir finden sogar bei Bassani und Antonio Veracini einzelne Leistungen, die durchaus auf der Höhe der Corelli'schen Kunst stehen. Nichts desto weniger gipfelt in ihm die von uns betrachtete Epoche hinsichtlich des Instrumentalsatzes, dessen weitere allmählige Förderung vorzugsweise das Werk der deutschen Tonmeister war. Vor Allem ist hier an Joseph Haydn zu erinnern, der die historisch überkommene Sonatenform nach dem Vorgange Philipp Emanuel Bach's, von dem der erstere Meister seinem eigenen Bekenntnisse zufolge „das meiste gelernt, was er wisse" (Griesinger, biogr. Notizen über Haydn S. 103), weiter entwickelte und durchbildete. Er vollzog mit weisheitsvoller Ueberlegung und beherrschender Klarheit die Detailausbildung des Sonatensatzes, und zwar vorzugsweise innerhalb der Gattung des Streich-

---

Wirken als Violinmeister, s. die Mittheilungen in meinem Buche: „Die Violine und ihre Meister" (Breitkopf & Härtel, Leipzig), wo sich auch die Fortsetzung der Geschichte des Violinspieles findet.

quartetts, welches er, wie die vorhergehende Darstellung zeigt, nicht sowohl erst erfunden, sondern vielmehr nur in eine höhere künstlerische Sphäre erhoben hat. Das Hauptverdienst Haydn's beruht darin, der Sonatenform jene architektonisch sinnreiche Struktur in klarer, mustergiltiger Anlage und Ausführung gegeben zu haben, die wir bei und nach ihm vorzugsweise in dem ersten Stücke der auf den Sonatensatz basirten Instrumentalcomposition finden, und die nicht selten auch auf das Finale übertragen wurde. Es ist die systematische Gliederung eines Musiksatzes in drei, eng miteinander verbundene Theile. Der erste derselben bringt zwei, ihrem Charakter nach unterschiedene Motive, nämlich das Haupt- und das Neben-Thema; der zweite enthält sodann die sogenannte Durchführung (auch Rückgang genannt) eines oder beider Thema's in freierer oder strengerer contrapunktischer Behandlung mit besonderer Rücksicht auf thematische Arbeit; der dritte Theil endlich reproducirt mit entsprechenden Modifikationen hinsichtlich der Modulation u. s. w. den ersten Abschnitt. Abgesehen von dieser Normirung des im heutigen Sinne eigentlichen Sonatensatzes, erscheint in Haydn's Quartetten das der Tanzcomposition entlehnte Menuett (in seinen frühesten Quartetten befinden sich mehrfach zwei Menuette) zwischen dem ersten Allegro und dem darauf folgenden langsamen Stück, oder auch zwischen diesem und dem Finale.

Bekannt ist es, dass die vorstehend bezeichnete Gestaltungsweise Haydn's im Ganzen und Grossen sowohl von Mozart wie auch von Beethoven beibehalten wurde, nur mit der Einschränkung, dass der letztere Meister an Stelle des Menuett's das „Scherzo" einführte und überdies die Sonatenform in ihren einzelnen Theilen dem von ihm Auszudrückenden gemäss wesentlich erweiterte.

Wir kehren nach dieser Abschweifung, die uns nöthig schien, um die weitere Entwickelung der Sonatenform wenigstens in allgemeinen Zügen anzudeuten, zu Corelli zurück. Sein Wirken für die Instrumentalcomposition war nicht nur in formeller Beziehung wichtig. Er vertiefte auch den Inhalt derselben. Der Ideengang des Meisters, immer natürlich, knapp und gedrungen, dabei von einfacher Grösse der Empfindung zeugend, offenbart namentlich in den Adagio's einen edeln, vornehmen und doch auch wieder anmuthsvoll graziösen Charakter. Selbst den Allegrosätzen ist gehaltene Würde eigen, die ein Grundzug von Corelli's Wesen sein mochte; doch treten sie an Gehalt theilweise gegen die Stücke im langsamen Zeitmaass zurück. Sie sind fast durchgängig bei weitem mehr mit Rücksicht auf gute Klangwirkung als auf geistreich tiefe Combination gearbeitet. Diese Seite des Corelli'schen Schaffens, welche keinesweges allein auf Rechnung einer vorgeschrittneren Kunsttechnik zu setzen ist, bildet überhaupt ein hervorragendes Moment. Der Meister hatte sein Instrument nach allen Beziehungen auf das Gründlichste studirt. Er behandelte dasselbe, auf die damals mit vereinzelten Ausnahmen allgemein üblichen drei ersten Lagen sich beschränkend, aus seiner innersten Natur heraus, und erhob es insbesondere durch seine breite, getragene und schön empfundene Cantilene zu einer Repräsentantin des Gesanges im höheren Sinne des Worts. Es ist freilich noch nicht die Melodik der späteren Meisterzeit, die in ihrer mehr individuellen und zugleich mannichfaltigeren Ausprägung völlig andere Kunstziele verfolgt. Corelli's Musik hat im Allgemeinen einen pathetischen, ascetisch spiritualistischen Zug von nahezu monotoner Färbung, der mit dem Kirchenton jener Zeit zusammenhängt. Diese Gefühlstonart waltet nicht allein bei den vorhergehenden Instrumentalcomponisten, seltene Ausnahmen abgerechnet, ganz wesentlich vor, sondern bestimmt den musikalischen Styl sogar noch weit bis in's achtzehnte Jahrhundert hinein.

Corelli's schöpferische Thätigkeit ist uns in sechs verschiedenen Werken überkommen. Das erste derselben wurde 1683 zu Rom unter dem Titel: „XII Sonate a trè, due Violini e Violone, col Basso per l'Organo, op. I" veröffentlicht. Es sind Kirchensonaten. Der Satz ist normal, indess ebensowenig schon ausgezeichnet durch bedeutsamen Inhalt wie durch völlige Selbstständigkeit. Ein Anlehnen an die Vorgänger, namentlich aber an Bassani, seinen Lehrmeister, ist unverkennbar. Doch tritt schon die Eigenthümlichkeit Corelli's hervor, sich einfach und klar auszudrücken. Dabei ist die Schreibweise noch nicht frei von unschönen Fortschreitungen und einzelnen Härten des Zusammenklanges.

In seinem ersten Werke neigt Corelli vorwiegend zur viersätzigen Formgebung. In der Regel ist die Folge Adagio, Allegro, Adagio, Allegro. Mitunter sind die beiden ersten Sätze Allegro's. Auch kommt es vor, dass die drei ersten Sätze im langsamen und nur der vierte im schnellen Tempo stehen. Eine Ausnahme von der Vierzahl macht die siebente Sonate. Sie hat drei Theile, nämlich Allegro, Adagio, Allegro.

In seinem zweiten, der weltlichen Instrumentalmusik gewidmeten Werke: „XII Sonate da Camera a tre, due Violini e Violone o Cembalo. In Roma 1685", behandelt der Meister hauptsächlich Tanzformen. Meist sind drei Tänze mit einem voraufgehenden Präludio (Largo oder Adagio) zu einem Ganzen verbunden. Mehrere Sonaten weichen hiervon indessen ab. Die erste derselben besteht aus einem Präludium, welchem Allegro, Corrente und Gavotta folgen. In der zweiten finden sich nur 3 Stücke: Allemanda, Corrente und Giga. Die dritte enthält: Präludio (Largo), Allemanda (Allegro), ein Adagio freier Erfindung und eine zweite Allemanda. Noch eigenthümlicher ist die zwölfte Sonate gestaltet. Sie ist aus einer Ciaccona und einem längeren Allegro gebildet, welches sich mit Beziehung auf den Einleitungssatz als eine freie Anwendung der Variationenform erweist.

Einerseits zeigt Corelli also in seinem zweiten Werke das schon bei Vitali beobachtete Streben, die Kammersonate der Kirchensonate anzunähern, andererseits hält er aber auch wiederum an der Ueberlieferung fest, in der Kammersonate die Tanzformen zu cultiviren. Aus den beiden ersten Werken Corelli's ist zu ersehen, dass die viertheilige Anordnung sowohl der Kirchen- als der Kammersonate zu Ende des 17. Jahrhunderts zwar überwiegend aber doch keinesweges als durchaus feststehend angenommen war. Einen weiteren Beleg hierzu geben die beiden folgenden Werke [1] des Meisters. Die in denselben enthaltenen Compositionen sind ihrer formellen Gestaltung nach, ganz den in op. 1 und 2 vereinigten Tongebilden entsprechend.

Die Titel lauten: „Sonate da Chiesa a trè, due Violini, e Violone, o Arcileuto, col Basso per l'Organo da Arcangelo Corelli, opera terza, in Modena, 1689" und
„Sonate da Camera a trè, due Violini e Violone, o Cimbalo da Arcangelo Corelli, opera quarta, in Bologna, 1694."
Jedes dieser Werke enthält wiederum 12 Sonaten. Hier nun zeigt sich Corelli's Satz nach allen Beziehungen schon in jener musterhaften Durchbildung, die wir oben zu charakterisiren versuchten. Es ist der reife, mit voller Meisterschaft herrschende Künstler, der nunmehr, befreit von den Fesseln des Schulzwanges, zu uns spricht.

Corelli's Produktionen in dem zweiten und vierten seiner Werke gehören dem Umbildungsprozess der Kammersonate an, denn sie bieten eine Zusammenstellung von Tonstücken freier Erfindung und von Tänzen. Die letzteren erscheinen nun aber theilweise nicht mehr in ihrer ursprünglichen Bedeutung; sie nehmen, namentlich wo sie in breiterer formeller Gestaltung auftreten, einen idealen Charakter an. Diese höher stylisirte Behandlung des Tanzes, welche schon durch Vitali vorbereitet worden war, nähert sich entschieden dem Wesen der höheren Instrumentalmusik und deutet auf jene Wechselwirkung zwischen der Kirchen- und Kammersonate hin, die, wie schon bemerkt, eine gegenseitige Befruchtung beider Arten zur Folge hatte.

Verlieh die weltliche Instrumentalmusik der kirchlichen einerseits eine Bereicherung der Rhythmik, wie dies beispielsweise bei der „Giga" unzweifelhaft der Fall ist, so wurde

---

[1] Die vier ersten Werke Corelli's liegen in neuer Ausgabe, redigirt von Joseph Joachim, vor, und sind also den musikalischen Kreisen der Gegenwart in dankenswerther Weise wieder allgemein zugänglich gemacht. Es bleibt zu wünschen, dass auch Corelli's „Concerti grossi" op. 6 durch den eben genannten Meister veröffentlicht werden.

dagegen andererseits die ideale Tongestaltung der Kirchensonate maassgebend für die Kammersonate. Sie hatte sich nach und nach Tonsätze zugeeignet, deren Beschaffenheit an die „Musica sacra" erinnerte. Dies wirkte offenbar auf die Behandlung gewisser Tanzformen zurück, die dadurch veredelt und zu Charakterstücken erhoben wurden. So wird z. B. die Allemande in Corelli's zweitem und vierten Werke nicht allein in breiterer, obwohl immer zweitheiliger Form, sondern auch auf ganz verschiedenartige, einander scharf entgegengesetzte Weise behandelt. In der zweiten Sonate (op. 2) erscheint sie als Adagio, in der dritten als Allegro und als Presto, in der sechsten wiederum als Largo u. s. f.

Wenn wir uns nun vergegenwärtigen, dass die Allemande nach Prätorius (Syntagma Thl. III, Abth. 2 S. 25) „nicht so fertig vnd hurtig, sondern etwas schwehrmütiger vnd langsamer, als der Gailliard" [1]) war, so passt das nicht mehr zu den mannichfachen Abstufungen des langsamen und schnellen Zeitmaasses, in welchen Corelli sich ergeht. Ueberdies hat auch der Charakter dieser Tonstücke, von denen nur der Rhythmus eine Reminiscenz an den Ursprung gibt, durchaus nichts Tanzartiges.

Aehnlich verhält es sich mit den Sätzen, welche „Tempo di Gavotta" überschrieben sind. Es ist nicht mehr der Tanz selbst, sondern ein in Bewegung und Rhythmus an denselben erinnerndes, höher stylisirtes Tonbild.

Dieselbe Erscheinung wiederholt sich in den Suiten Bach's und Händel's und später in den Instrumentalwerken Haydn's und Mozart's, hier insbesondere betreffs des Menuett.

Corelli's fünftes Werk: „Sonate a Violino e Violone o

---

1) Der Passus heisst bei Prätorius vollständig: „Alemanda heist so viel, als ein deutsches Lieblein oder Täntzlein: Denn Alemagna heist Germania, vnd un Alemand ein Deutscher. Es ist aber dieser Tantz nicht so fertig vnd hurtig, sondern etwas schwehrmüthiger vnd langsamer, als der Gailliard. Sintemalen keine extraordinariae motiones darin gebraucht werden: haben bißweilen 2. bißweilen 3. repetitiones, deren jede meistentheils nur vff 4 tact gerichtet ist."

Cembalo, a Roma, 1700" [1]), welches 12 Kammersonaten für Violine solo enthält, zeigt ganz in ähnlicher Weise, wie die vier ersten Sonatenwerke des Meisters, die Formgebung der kirchlichen sowohl, als auch der weltlichen Instrumentalmusik. Die ersten 6 Sonaten in viertheiliger Bildung [2]) sind nach dem Modus der Kirchensonate, die übrigen dagegen nach dem der bisherigen Kammersonate gestaltet. In der ersten Hälfte dieser Sammlung tritt also Corelli, dem Beispiele Torelli's und Ant. Veracini's folgend, nun auch für die Umbildung der Kammersonate nach Maassgabe der Kirchensonate entschieden ein. Er legt aber hierbei den Schwerpunkt der Composition in die Violinstimme. Die bisherige polyphone Bildweise des Sonatensatzes zeigte das Prinzip der möglichsten Gleichberechtigung aller Stimmen, wodurch der Violine eine coordinirte Stellung zugewiesen war. Die Geige, in eine erste und zweite eingetheilt, erschien nur insofern bevorzugt, als sie führend und leitend auftrat. Die ersten Versuche einer Solo-Violin-Sonate mit Bass, denen wir bei Fontana und Marini begegneten, zeigen dasselbe Prinzip: Beide Stimmen halten sich das Gleichgewicht und conzertiren, so zu sagen, miteinander. Auch in Veracini's Kammersonatenwerk (op. 3) ist noch durchaus dieser Standpunkt festgehalten. Corelli nun geht, wie auch schon Torelli, theilweise von dem hierin beobachteten Herkommen ab, indem er die Violinpartie mit besonderer Bevorzugung behandelt. Der Bass tritt dadurch in ein mehr untergeordnetes, begleitendes Verhältniss. Hiermit war die eigentliche Solo-Violinsonate gegeben und zugleich die entschiedene prinzipielle Ausscheidung des specifischen Violinsatzes (ähnlich wie in Torelli's „Concerti grossi") innerhalb des Gebietes der Instrumentalcomposition vollzogen.

Stellen wir nun die Solo-Violinsonaten Torelli's und Corelli's nebeneinander, so behaupten diejenigen des letzteren

---

1) Diese Sonaten existiren in neuer Ausgabe.
2) Nur die sechste Sonate enthält als fünften Theil eine „Follia" mit 16 Variationen, neuerdings in freiester Bearbeitung von Ferd. David herausgegeben.

Meisters betreffs des von tieferem künstlerischen Ernst beseelten Gehaltes und einer stylvollen Behandlung der Geige unbedingt den Vorrang. Dasselbe gilt auch hinsichtlich des sechsten und letzten Werkes Corelli's: „Concerti grossi con due Violini e Violoncello di concertino obligati a due altri Violini, Viola e Basso di concerto grosso ad arbitrio che si potranno radoppiare, op. 6. Roma, Decembre 1712." Die Dedication ist vom 3. December 1712 und an den Kurfürsten Johann Wilhelm von der Pfalz gerichtet.

Die in dieser Sammlung vereinigten Musikstücke entstanden ohne Zweifel auf Anregung der Torelli'schen „Concerti grossi", welche bereits 1709, also drei Jahre vor den gleichnamigen Compositionen Corelli's im Druck erschienen. Es sind acht Kirchen- und vier Kammerconzerte, deren Gestaltung zur Hauptsache auf der bisherigen üblichen Anordnung beruht. Die vier Kammerconzerte bestehen demgemäss aus einer Zusammenstellung von Tanzformen und Tonsätzen freier Erfindung. Unterscheiden sich mithin die „Concerti grossi" hinsichtlich ihrer äusseren Erscheinung nicht von der zwei-, drei- und vierstimmigen „Sonate" jener Periode, so erhalten sie doch etwas Eigenartiges durch die, schon von Torelli realisirte Einführung von Solo- und Ripienstimmen. Diese Anordnung ist aber bei Corelli wesentlich abweichend von Torelli's Behandungsweise der obligaten und accompagnirenden Instrumente. Nicht um Solostimmen mit untergeordneter Begleitung, sondern um drei conzertirende Partien, vertreten durch 2 Violinen und 1 Violoncello, mit Hinzufügung einer harmonieergänzenden Bratsche, handelt es sich in Corelli's Conzerten. Die beiden Ripiengeigen sind nur im Tutti beschäftigt, gehen dann aber fast immer im strengen Unisono mit den Solostimmen. Der Satz ist daher im Wesentlichen vierstimmig. Nur in vereinzelten Fällen und vorübergehend sind die Violinen in den Ripienstimmen anders geführt als die entsprechenden Soloinstrumente, wodurch sich denn stellenweise eine sechsstimmige Behandlung ergibt. Der „Continuo" führt die einfachen Fundamentalbässe aus.

So entfaltet sich ein wechselndes Tonspiel zwischen zwei

und drei Solostimmen und dem Ensemble, ohne dass es zu einem absoluten Dominiren der obligaten Instrumente kommt. Dem zur Anwendung gebrachten Style gemäss erscheint vielmehr Alles musikalisch gleichberechtigt. Einfachheit, Schlichtheit und klare, folgerichtige Bestimmtheit ist ein Grundzug dieser Musik. Aber dabei hat sie zugleich etwas vornehm Pathetisches, eine gewisse Grösse, die in dem ernst gemessenen Schritt kräftig gesunder Tonfolgen sich ausspricht. Freilich verbindet sich damit nicht selten eine an Monotonie streifende Stabilität des Ausdruckes, die sowohl in der einseitigen Modulationsmanier wie auch in dem oft gleichartigen Metrum des Periodenbaues fühlbar wird. Eine wechselreichere Mannichfaltigkeit in diesen Beziehungen herbeizuführen, war der sich anschliessenden Epoche vorbehalten.

Genau betrachtet, ist hier die Basis zu orchestraler Schreibweise gelegt. Corelli's mehrstimmiger Instrumentalsatz im sogenannten „Concerto grosso" wurde in der That maassgebend für die nächste Folgezeit. Er erinnert bisweilen sehr stark an Händel's Orchesterstyl. Dieser Meister trat während seines längeren römischen Aufenthaltes in nahe Beziehung zu Corelli, und es ist unverkennbar, dass er dessen methodisch normale Behandlung des Streichquartetts in sich aufnahm, um sie, seiner eminenten künstlerischen Begabung entsprechend, in gesteigerter Wirkung für die eigene schöpferische Thätigkeit zu verwerthen.

Corelli's Ruhm als Violinspieler und Tonsetzer drang so schnell in die musikalische Welt, dass er bald Gegenstand allgemeinster Aufmerksamkeit wurde. Begabte Kunstjünger von nah und fern wendeten sich an ihn, um seiner Lehre theilhaftig zu werden, und thätige Musikhändler lieferten dem Publikum verschiedene und wiederholte Auflagen seiner Werke. Nächst den Originalausgaben erschienen Nachdrucke von den 4 ersten Sonatensammlungen in Amsterdam, Paris und London. Die gesuchteste und populärste seiner Schöpfungen, opus 5, erlebte sogar kurz hintereinander fünf Editionen. Diese Sonatencollection wurde überdies von Francesco Geminiani, dem Schüler Corelli's, zu Conzerten für Streichinstrumente nach dem Vorbilde der „Concerti grossi" (op. 6) umgearbeitet und zu London veröffentlicht. Der Titel ist: „XII Concerti grossi, con due Violini, viola e violoncelli di concertini obligati, e due altri violini e basso di concerto grosso, quali contengono preludi, allemande; correnti, gighe, sarabande, gavotte e follia. Composti della prima e della seconda parte dell' opera 5 di Corelli, da Francesco Geminiani. London. (Ohne Jahreszahl.)

Eine Partiturausgabe der Werke Corelli's (mit Ausschluss von op. 5) erschien in zwei Foliobänden gleichfalls in London unter der Redaction des 1667 in Berlin geborenen Tonsetzers und Musikschriftstellers Johann Christian Pepusch, welcher eine Reihe von Jahren in der englischen Hauptstadt lebte und wirkte.

Die Titel beider Bände lauten:

„The Score of the Four Setts of Sonatas compos'd by Arcangelo Corelli for two Violins & a Bass" und

„The Score of the twelve Concertos, compos'd by Arcangelo Corelli. For two Violins & a Violoncello, with two Violins more a Tenor & Thorough Bass for Ripieno Parts, which may be doubled at pleasure."

Die lebhafte Theilnahme der Musikwelt an Corelli's Compositionen gab übrigens auch zu Falsificaten Veranlassung. In Amsterdam druckte man 9 Sonaten von Ravenscroft[1], welche ursprünglich zu Rom (1695) veröffentlicht waren, unter Corelli's Namen nach. Ebenso ist ein Heft, „Sonate a tre", welches als ein „opera posthuma" Corelli's in Amsterdam erschien, apokryphischer Natur.

---

1) Ein Zeitgenosse Corelli's, der als ausgezeichneter Virtuose auf dem Hornpipe galt, aber auch Geiger war, und als solcher an dem Theater von Goodmansfield wirkte und sich namentlich durch den Vortrag der Corelli'schen Compositionen auszeichnete.